说明：图中 17 人为对话参与者，蓝色标记为正文中姓名简称。

留一块黑板

与顾明远先生对话现代学校发展

郭　华◎主编

教育科学出版社
·北　京·

对话者名片

顾明远　北京师范大学资深教授，教育家书院院长

郭　华　北京师范大学教育学部教授，教育家书院执行院长

滕　珺　教育学博士，北京师范大学教育学部讲师

以下为教育家书院兼职研究员：

曹彦彦　北京市古城中学校长

陈祥春　广东省广州市南武中学校长

郝全智　山东省鄄城第一中学副校长，语文特级教师

李　燕　江苏省无锡市水秀实验幼儿园园长

林良富　浙江省宁波万里国际学校校长，数学特级教师

刘　凌　广东省深圳实验幼儿园、彩田幼儿园园长

罗　虹　重庆市巴蜀幼儿园园长，特级教师

马丽娜　河南省安阳市人民大道小学校长，数学特级教师

马新功　河南省濮阳市油田第一小学校长，语文特级教师

潘望洁　江苏省无锡市育红小学校长

邱华国　江苏省无锡市蠡园中学校长

苏　虹　辽宁省沈阳市第四十三中学校长

谭　静　北京市建华实验学校执行校长，数学特级教师

俞正强　浙江省金华市环城小学校长，数学特级教师

为教育家的成长搭台

教育家书院成立的宗旨，就是想为那些热爱教育事业，长期从事教育工作，做出了优异的成绩，有自己的教育思想和先进理念，希望进一步对教育有所研究，并且形成自己的教育风格的优秀教师、校长成长为教育家，搭建一个平台。

教育家不是随着教龄的增长而自然成长的，学习和提升是教育家成长的必由之路。只有不断学习钻研，不断反思自己的教育行为，总结提高，上升为理性认识，才能有成熟的经验和理论，才能有自己的教育风格。优秀教师要提高，不能只围绕着中小学的教材转，也不能只是学习教育理论，更重要的是要提高整体素养，养成教育家的气质。教育既是科学，又是艺术，艺术需要有点悟性，教育也需要有点悟性。悟性从哪里来？就是从整体素养中来。

掌握教育规律是一名教育家成长的必由之路。教育家书院就是要帮助一批优秀校长和教师在繁忙的教育教学工作之余，能够静下心来，读一点书，听一些各领域专家的讲演，考察一些国内外的学校，以扩大他们的视野，提升业务水平。通过考察、讨论、研究使他们对教育现象的感性认识上升到知性认识，再提高到理性认识。仅有教育经验不能成为教育家，只是一名教书匠。教育家必须有对教育规律的理性认识，并在教育实践中不断实践，不断提升，悟出教育的真谛。

在教育家书院这个学习园地里，兼职研究员不是单向地学习，而是互相学习，互相切磋，共同提高。在北京师范大学（以下简称“北师大”），每年有几千名新教师要走出校门奔向全国各地的中小学校，还有几百名在职攻读教育硕士学位的教师。他们不仅需要学习教育理论，提升学科知识水平，而且要理论联系实际、学与思结合、知与行结合。教育家书院的兼职研究员也给北师大进行教育学习和研究的师生带来了鲜活的经验，有利于改造他们的学习。

为了给兼职研究员创造更多学习、交流和提升的机会，教育家书院的主要活动包括以下几方面——

一是高端学术讲座和研讨。邀请来自教育学、心理学、哲学、经济学、社会学、文学、历史学、自然科学等各个领域的专家为兼职研究员开设讲座或与他们进行座谈。

二是名师名校长讲席。请兼职研究员向北师大的师生介绍他们的教育思想、办学理念和教育教学经验。

三是学校诊断与改进系列活动。组织专家对兼职研究员所在学校及地区的教育教学情况进行全面的考察和诊断，形成诊断和改进报告反馈给学校。在此基础上，收集大量不同地区、不同类型、不同年段的学校诊断案例，形成学校改进的理论模型。

四是国际教育考察。组织兼职研究员到有教育特色的国家进行实地考察，通过观摩课堂教学、与师生及教育行政机构的人员进行座谈等活动，体会不同的文化和教育理念。

五是兼职研究员和北师大的合作教授共同进行课题研究。这些研究立足于研究员本人、本校的教育实践，既能提升其理论素养，又有助于解决实际问题。

通过这些丰富的活动，不仅兼职研究员有了许多收获，觉得教育观念有了变化、教育思想有了提升，而且教育家书院也积累了大量的、丰富的教育资源。为了使这些教育资源不至于流失，教育家书院决定编辑出版《教育家书院丛书》。丛书包括以下几个系列。

聆听系列：收集各领域的专家在书院所做的报告；

研究系列：收集兼职研究员在书院开展课题研究的成果；

游学系列：收集兼职研究员进行国际考察的报告、感想、体会等；

讲习系列：收集整理兼职研究员在书院“名师名校长讲席”中所做的讲演；

对话系列：收集整理兼职研究员与书院讲座教授对话实录；

行动系列：收集兼职研究员在进行“学校诊断与改进”考察活动后的考察报告和实践收获；

成长系列：收集兼职研究员个人成长历史资料等。

教育家书院成立两年来，兼职研究员通过各种活动，有了许多收获，不能说都已经成为教育家，至少向教育家迈出了一步。因此，两年的时间虽短，内容却很丰富，有必要把这些资源收集整理；长期积累起来，它们就会变成教育研究极为宝贵的财富。在教育家书院的首批研究成果即将出版之际，写以上几句，是为序。

2012年3月4日于求是书屋

目录

001 前言
碰撞与交流

005 壹
什么是教育国际化？

1. 从西班牙语实验课谈起 007
2. 教育国际化不是双语教育，更不是学英语 012
3. 国际化是共同“化”——既是我们“化”别人，也能让别人“化”我们 021

027 贰
学生要被分层吗？
——从“三好学生”的评比谈起

1. 学生要不要和别人比？ 029
2. 什么样的奖励对学生重要？ 036

047 叁
怎样保证教师队伍的高素质？

1. 怎么看博士到中小学当老师？ 050
2. 教师待遇和教师素质是什么关系？ 052
3. 教师做家教合理吗？ 056
4. 绩效工资能激发教师的积极性吗？ 060
5. 幼儿园男教师的生存状态 063

079 肆
"戴着镣铐跳舞"的学校教育

1. 评价改革难以推进是因为缺乏诚信体系吗？ 081
2. 学生安全与学校责任 084
3. 要不要立法保护学校？ 090
4. 要做好家校沟通 094
5. 择校、公平与学校发展 097
6. 性教育什么时候进行合适？ 101

105 伍
学生负担能减轻吗?

1. 提高教师质量是"减负"的根本 107
2. "减负"要有机制保障 110
3. 校长要在"减负"中有所作为 112
4. 评价是教学的指挥棒 114

121 陆
基础教育如何才能打好基础?

1. 基础教育要打好三个基础 123
2. 教学应当怎样进行？ 126
3. 专制的方式能否培养出民主的学生？ 128
4. 在改革借鉴中发展 131

目录

135 柒 建设信息化学校，还要不要黑板？

1. 留一块黑板 137
2. 重视信息技术带来的革命性影响 138
3. 要开发手机的功能 141

147 捌 民办教育如何才能获得更好的发展？

1. 应该促进民办教育发展 149
2. 民办教育如何保障教师的待遇？ 151
3. 名校办民校会带来怎样的困境？ 158

161 玖 听顾先生讲过去的事

1. 开始做比较教育研究 163
2. “文革”后重建教育学 164
3. 中国教育学会成立 166
4. 参与联合国教科文组织的工作 167
5. 回忆学生时代 170

174 后记

碰撞与交流

这是一群常人坐在一起的日常对话。所以，这个对话，既没有高深的概念、新奇的话语，也没有新颖的内容、别致的形式。就是大家围坐在一起，用最直白的语言，以最直率的态度和最直接的方式，谈论学校教育中最普通、最常见、人们最关心的问题。

这是一群相识相知的亲密伙伴之间的对话，因而轻松、自由、欢畅，没有客套、没有谦让，直来直去、短兵相接，无所顾忌、直率坦诚，因而有着真正的思想碰撞和交流。

这是一群坚守教育领地、有着丰富教育实践经验、对教育有着深厚感情的教育人之间的对话，因而既能直击教育核心问题，又能够现身说法，用内行人的行动和思考对教育“说三道四”，相互启发，互相解惑，教学相长。

基础教育改革与发展是一个永恒的话题，也是教育理论界与教育实践界共同的话题。尤其是在当前的中国，教育获得了大发展但又极度不均衡，教育备受关注却又问题重重，教育被寄予厚望却又不能令人满意，教育要培养拔尖创新人才却又要遭受公平的拷问，教育要给儿童欢乐的童年却又一直遭受难以减负的困扰，教育要让学生走向更广阔的社会实践却又有学生安全之虞，教育要得到广泛的社会支持但支持太多反而变成干扰，教育要国际化又不能不扎根本土，教育要走向现代化却不能脱离传统，教育要回应信息化时代的挑战却又不能弃用黑板……我们想要弄明白，身在现代社会中，教育就一定现代化了吗？现代学校是什么样的？现代学校有什么标志吗？什么样的学校才是现代学校？现代学校的国际化是什么？我们如何看待学生、看待教师、看待我们身在其中的基础教育？我们到底应该怎么做、怎么改，做些什么、改些什么，才能真正改造我们的教育、改造我们的学校？

我们亟需一场对话，听听别人是怎么想的、怎么做的。我们希望通过对话，带着清明的思想和坚定的信心走回我们赖以生存、找到自我价值的教育现场。我们需要的不是一场形式化的自说自话，而是一场心灵的对话、精神的相遇。

与顾明远先生的这一场对话酝酿了很久。可以说自 2010 年 4 月 10 日第一批兼职研究员入院以来，我们就在酝酿、准备这场对话。教育家书院组织的每一项活动都有对话，都是在对话中进行的，如高端学术讲座、国际教育考察、学校教育诊断与改进、名师名校长讲席等。这些对话越多，大家想要在一起畅聊的愿望就越强烈，每一个人都希望能够有一个集中的时间，把这几年来的学习、思考结合自己的实践，进行一次集中的交流，尤其想与顾明远先生坐在一起面对面地交流、对话。2012 年 10 月在北欧做中小学考察时，大家就开始讨论交流的话题，还开了一个正式的准备会议，提出了若干个想要讨论的话题，协商讨论的时间。回国以后，向顾先生汇报，顾先生觉得非常好，还为我们的主题、形式提了许多建议，为我们这次活动专门腾出时间。在顾先生的大力支持下，我们这次对话活动得以顺利举办。

在这场对话中，顾先生强调：对话是平等的，没有高高在上的权威，也没有听讲的听众，对话就是以平等的身份来发表意见，共同探讨。由于我们每个人所处的地位不同，实践经验不同，看问题的角度也会不同，而这样的不同恰恰是交流对话的前提。因此，对话，就不仅仅是和顾先生对话，而是大家相互之间的对话。对话更不是对顾先生的访谈，也不是长篇的报告。我们抛出问题、抛出想法，讨论、争辩，甚至于面红耳赤，只是为了表达我们的所思所想，为了更深入地走进对方，一起对话。

这一次对话，于我们每个人而言，都有巨大的收获。最基本的一点，是使我们更加清醒地意识到，教育不纯粹，教育不只是教育，它有广阔的社会历史实践背景，“拽着头发离开地球”只是妄想，美好而浪漫的理想主义是要不得的；同时，我们也更加清楚地坚信，教育就是教育，它有自己的规律，有自己独立的价值，妄图抛开教育规律去追求所谓的国际化、浪漫情怀、信息化等，是不可能的。因此，正如在信息化时代，当我们积极地欢迎信息技术来改造我们学校的技术手段时，也要“留一块黑板”一样，在各种变革的浪潮中，我们要坚守教育的规律、教育的品格。

“留一块黑板”，是我们对现代学校朴素而又深刻的认识。

郭　华

2013年5月5日于教育家书院

壹

什么是教育国际化?

有外教就是国际化吗?

国际班是学校国际化的标志吗?

与国际接轨就是国际化吗?

国际化是各国之间的相互“化”吗?

国际化在教育教学过程中如何体现?

随着我国改革开放的深入，国际化越来越成为中小学高端办学的一个重要指标。双语教育、“国际班”、外教、与国外学校建立姊妹学校、互派学生交流、派教师去国外学习和培训、学生直升国外大学……一时间，国际化似乎有了许多衡量指标，各个学校也有了奔向国际化的目标了。那么，究竟什么是国际化？如何才能国际化？在国际化的过程中我们需要保持什么样的心态？

国际化是如此引人关注。我们的对话，就从国际化谈起……

1. 从西班牙语实验课谈起

曹：我们学校从 2012 年 9 月 1 日起创办了西班牙语实验班。这个创意源于国际广播电台的一番论证。我国在对外交往中对西班牙语人才的需求量其实很大，但西班牙语人才有一个明显的年龄断层，因为我们有一段时间不够重视这方面人才的培养。我校西班牙语实验班开班的时候，多级领导、多个大学和西语国家大使馆都很关注、很支持。我们学校也为实验班学生举办了很多活动，包括国际交往活动等。但这件事我们初次着手做，还有几个疑问：这些孩子成绩和素质都是很不错的，我们希望把他们培养成在国际事务上有所成就的西班牙语人才，那么在做的过程中我们应该注意哪些问题呢？另外，我也想请顾先生聊聊您在做国际教育项目中的一些经验。

曹彦彦

郭：曹校长一开始就谈国际化的问题，可见这是一个值得关注的问题。

顾：我国“文化大革命”后期，也就是1972年，在周恩来的指示下，北京市的中学开设了各种外语课，我们二附中（北京师范大学第二附属中学，后同）就开设了法语课。这就是最早出现的国际化倾向。小语种人才培养的主要问题是对口问题：一个是高考不对口，一个是就业时专业不对口。1972年就存在这个问题，所以没有搞下去。此外，要真正掌握一门外语不容易，语言不过关就等于没有学。因此，中学开小语种外语课的关键是要有可持续性。

顾先生

郭：上世纪80年代，我读高中时，我们学校还有两门语言课，一门日语一门英语，学生可以任选。现在的学校似乎都是开英语课了。

顾：现在也有小语种外语，高考设置日语和英语考试。

曹：我们学校高中西班牙语班就是把西班牙语作为第一外语。

郭：我们国家并没有西班牙语的课程标准，你们是依据什么来开课呢？如何保证教育内容与教育结果呢？

顾：课程标准可以参照英语的。关键就是要持续，如果没有持续性，就浪费了。

对话现场

曹：现在北外（北京外国语大学）、北二外（北京第二外国语学院）招收西班牙语考生都没有问题，参加高考也没有问题。但是有一个问题，也有一些大学的西班牙语专业不招西班牙语考生，注明只招英语考生。这些大学认为有英语基础很重要，或者是认为招进来的学生水平不统一的话不方便组织教学，所以不招原来学过西班牙语的。我们这个班有 20 个学生，我希望他们都能顺利升学。

郭：大学强调英语，也是可以理解的，这说明英语是基础教育阶段的重要科目。

顾：学小语种的学生是否能升入大学，主要还是一个政策问题。你需要和各个学校及相关部门沟通。既然是相关部门批准的，那么，就需要去寻求这些部门的支持，共同商讨学生毕业之后怎么办。

陈：你们西班牙语的课时和现在英语的课时对等吗？

陈祥春

曹：我们这个实验班的西班牙语课时相当于其他班的英语课时，即把西班牙语作为第一外语来安排课时。

陈：这个实验班还是参加统一高考吗？

顾：这恐怕不行。如果还采用统一高考，那就无所谓实验了。可以考虑和外语学院或者有西班牙语专业的高校沟通；也可以设立先修课程，让学生学了以后确确实实有用。我们不应该只盯着高考，因为高考也在改革，如果只盯着高考就没法做实验了。

曹：现在大学的西班牙语都是从零起点开始教，但有基础的学生就不需要从零开始。

顾：所以最关键的就是要和高校做好沟通和协调。对西班牙语人才现在有很大的需求，关键是国家要出台相关的配套措施。

郭：和高校的沟通、协调，尤其是课程衔接，应该是实验的重要内容之一，也是高中学校课程改革实验应该考虑的问题。既然是实验班，就应该去探索真正有教育价值的问题，例如教学内容、教学方法、培养模式，包括与大学的衔接与沟通、学生未来的出路等。这些是我们做实验的价值所在。做实验，搞特色，不能只是为了特色而特色，也不只是因为别人没做我们要做吧。

曹：是的，我们也在不断地探索、实验。希望这些孩子以后能承担国际交往的任务。

顾：要进行对外交流，就需要培养他们的语言能力，帮助他们了解国外的文化体系，有条件的话最好能够组织他们去西班牙语国家参观学习。

曹彦彦校长和西班牙语实验班学生在委内瑞拉大使馆

2. 教育国际化不是双语教育，更不是学英语

潘：现在大家都在谈教育国际化，但是很多人考虑的都是留学、课程设置等。我认为教育国际化更重要的是要让学生有一种国际化的视野和思维方式。这就对我们基础教育提出了一个问题，即怎么从思维而不只是从知识层面、工作层面来进行教育国际化。

苏：基础教育国际化的重点应是加强国际理解教育，为提升学生的国际素养做准备。如创造机会开阔学生的国际视野，提高学生的批判性思维能力、沟通能力、合作能力，培养学生的规则意识和全球意识，增强他们对多元文化的理解。

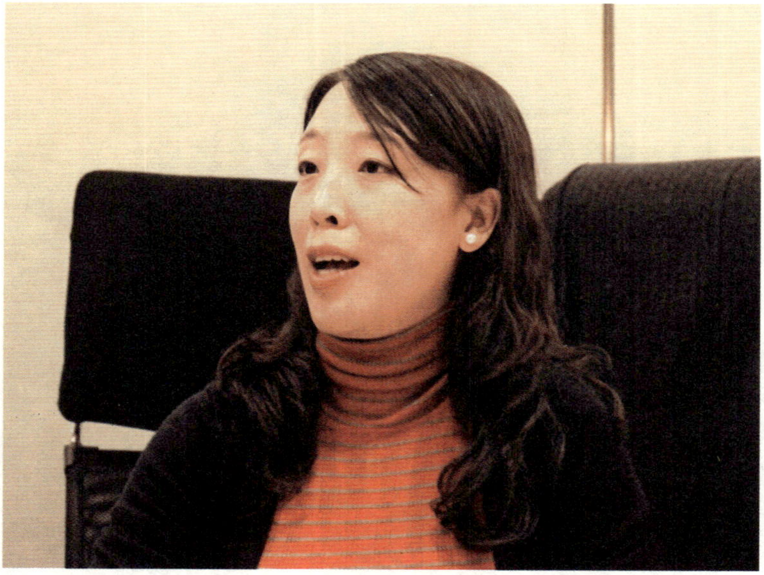

苏虹

顾：现在很多人认为办国际班就是让学生出国留学。国内的国际教育存在一个问题，就是没有注意各级学校国际化程度应有所区别。不可

能所有学校都去搞国际班，不同阶段有不同层次的国际化。《教育规划纲要》（《国家中长期教育改革和发展规划纲要（2010—2020年）》，后同）里面有一条就是引进国际先进的理念，要走出去、引进来。

资|料|链|接

《国家中长期教育改革和发展规划纲要（2010—2020年）》第十六章第四十九条

引进优质教育资源。吸引境外知名学校、教育和科研机构以及企业，合作设立教育教学、实训、研究机构或项目。鼓励各级各类学校开展多种形式的国际交流与合作，办好若干所示范性中外合作学校和一批中外合作办学项目。探索多种方式利用国外优质教育资源。

滕：我们目前收集的有关国际组织人才标准的一些数据也可以佐证以上观点。在国际组织的招聘说明中，initiative（主动）这个单词出现的频率很高，而且在我对国际组织里工作的人员进行访谈时，他们也多次提到了这个单词。我问他们这种主动和中国人的传统观念会不会冲突，他们说不会。他们认为，虽然中国人传统上不主张多说，但这并不代表他们没有自己的观点和想法，只是表达的方式有所不同，中国人会选择更策略的方式，而不是直接表达自己的观点。所以主动并不在于先说还是后说，先做还是后做，而在于你有没有自愿承担的意识。

陈：我在想，很多时候不是学生不主动说话，相反，成绩好的学生往往谨慎，思考多而说话慢，表达少；成绩不好的学生反而是想都不想就说。其实有时候不表达并不完全是错误的。

罗：教育的国际化应该从幼儿园就开始的。但是现在对幼儿园国际化教育的普遍认识就是进行双语教育，或者聘请外教开展一些相关活动。从大家刚刚的探讨中我更进一步意识到：当前幼儿园的国际化教育，由于所聘外教不具备相关资质，课程实施的商业化运作，由此出现的诸多问题已经给幼儿园带来了很大影响，值得关注。而对于幼儿园的国际化教育，我个人认为，除了恰当的外语、外教的介入外，更重要的还在于培养未来国际公民的综合素养，尤其是创造性、思维品质及良好学习习惯的养成。

前阶段我们幼儿园在大班尝试开展了一次有关“时间”的学习活动，我认为这一活动的设计思路和理念体现了国际化的育人观念。我们将活动的重点放在培养孩子的思维品质以及他们对提高效率的感知体验上，重在孩子策略性知识的习得，改变了传统的“时间”教学只让孩子认识时钟、时间等陈述性知识的状况。我们提供不同的材料，让孩子通过观察和实践，意识到通过不同的方法可以提高做事的效率。比如夹珠

罗虹

孩子们兴奋地把自己的发现告诉园长妈妈

两人合作也是节约时间的方法

找到舀豆豆的方法也能节约时间

讨论交流

子，有的珠子是圆的，有的是方的，有的是中空的，孩子通过尝试不同的方法就会有所发现。在给定的时间里，他们需要在实际操作中找到最优的方法，包括合作的方法。活动中我们可以非常明显地看到孩子前后两次操作方式及关注点的变化。这种由主体内在动机所带来的主动尝试，让孩子真切地感受到：方法选择、方式改进对于时间的有效利用具有非常重要而直接的作用。相信孩子有了这样的认识体验，有了良好的行为习惯，一定会给未来的学习生活和可持续发展带来积极的影响。在活动中我们观察到，有一个孩子在做完的时候让另一个孩子给他在表格中打一个钩，另一个孩子坚持不打，只在对方的表格中打了一个问号。我就问那个孩子为什么只打一个问号，他回答说，参加活动的人是用手抓的而不是夹的。他认为那个孩子破坏了规则，于是坚持不给他打钩。我们觉得这是孩子很重要的一个品质，我们尊重孩子的这些方式和概念。

我们强调孩子的表达意识。孩子们活动的时候，我们通常会提供一个记录用的表格。有一次，一个孩子粗心把内容填错了。这个孩子在几百人的教学当中，敢于举手表达：“老师我要提个问题，我的表格和你的不同。”老师非常高兴，对孩子这种行为给予肯定，并且和他一起去思考什么环节出了问题，这样，孩子就能学会解决问题，而且最重要的是他们会表达。我认为如果能让孩子学会表达自己的想法，这就是一种国际化教育，这种国际化的取向是可以从学前教育就开始的。对教育工作者来说，潜下心来认真研究如何让孩子具备一些国际化的品性很重要。

刘：深圳很特殊，毗邻香港、澳门，其本身就是多元文化并存的一个城市，是个国际化城市。深圳福田区提出创建教育国际化实验区，在聘请外教、境外培训、课程发展等方面都给予大力支持。2012 年，福田区开始实施中小学教师海外培训计划，首批组织了 50 名中小学校长和优秀教师赴美培训。同时，积极与国外的名牌大学开展教育合作，邀请中外知名的学者、专家及企业家共谋教育国际化发展大计。例如，邀请境外专家参与“新学校建设论坛”，邀请美国著名的优秀教师、《第

刘凌

56号教室的奇迹》的作者雷夫·艾斯奎斯来为师生举行专场演讲，分享他对教育的执着和坚守及其如何成就孩子等教育经验。

我们幼儿园的国际化不仅仅是学英语——英语只是一个媒介，引入外教的主要目的是让孩子更多地了解多元文化。外教通过教学带来世界各国的文化，比如歌曲、舞蹈、节日等。我们的外教 Tom 老师会在圣诞节的时候扮成圣诞老人与每个孩子拍照，在万圣节时把教室装扮成鬼城、讲万圣节的故事。通过这些活动，让孩子们的思想更加开放，眼界更加开阔，知道世界的多样性。

深圳实验幼儿园的孩子们和外教过圣诞节

深圳实验幼儿园的外教在给孩子们上课

当然，也有一些沿海地区的幼儿园把英语教学打造成所谓的“高端化”和“国际化”的象征——每周或每天都有英语课，甚至还有的半天中文教学、半天英语教学，而人手一本的幼儿英语用书就成了孩子们“必备”的东西。

陈：我们学校也在搞中美课程改革的实验班，力图把一些文化底蕴放在其中。我去美国学习了两次，在这样的背景下我很想把美国的一些东西引入我们的教育教学。我发现，很多时候国际班都流于表面、流于形式，只是输送留学生。我们当时办这个班就是单纯地想整合美国教育的一些理念，来改造我们高中的一些课程，主要是语文、英语、信息技术和通用技术。首先，我们在语文中强调基础阅读和写作——美国人就比较重视阅读能力的培养，并在阅读中培养学生的批判性思维。其次是英语，除了“课标”中必修的部分，我们还搞了一些托福课程，包括单词、写作等，为学生进行国际交往做好工具和思维方式上的准备。最后，就是对通用技术和信息技术的改造。现在很多学校对这种综合课程其实是不教的，我们是把它整合为美国所重视的工程技术，主要强调创意和设计能力的培养。此外，我们还强调语言表达能力的培养——美国的学校就很重视领袖人才和高素质人才的表达能力、演讲能力的培养。中期评估的时候，评估者之一陈长贵教授说，这其实就是一种国际化教育。我们这个实验班以开设国际理解教育课程为主，现在看来效果还不错。我们设立了中美文化差异的比较、低碳生活等主题课程，还有系列国际交往活动，如互派留学生，邀请美国的校长到国内交流，同时推进文化自信和自立。我们通过层层选拔，让最优秀的学生进入这个实验班。当然我们也有困惑，就是怎么在体制内，在硬性的升学压力下，既不耽误高考，又要做点事，进行改革。我们的评价标准和国外是不一样的，在这种情况下，我们就只有走中间道路。

林良富

对话现场

林：据我所知，近期教育部与宁波市政府正在商讨宁波成为全国首批教育国际合作与交流综合改革试验区的相关协议，要使宁波成为国内教育国际合作与交流最活跃的区域之一。其协议的主要精神是这样的：教育国际合作与交流综合改革试验区立足宁波教育国际化实际，结合区域经济和社会发展需求，重点推进中外合作办学、来华留学生培养、科研和人才的国际化、汉语国际推广、教育服务对外开放等改革试点，努力将试验区建设成为区域教育国际化体制改革创新的试验基地。宁波在教育国际化方面可以“先行先试”，项目推进上将会得到教育部更多、更快、更好的政策支持。这个协议的精神，也可以帮助我们洞察教育国际化的走向与实施要点。

3. 国际化是共同“化”——既是我们“化”别人，也能让别人“化”我们

谭：我们可能需要关注这样一个问题：我们基于各自不同的背景给一些表现、一些做法、一些现象贴上标签，进行阐释，得出结论，这样

来思考对话会不会存在问题？比如说关于教育国际化这个话题，刚才我们列举了各自学校针对当下教育缺少的或比较薄弱的一些方面所做的改变与改进，理解为这是国际化。仔细想来，好像也不一定，这需要很好地甄别。我想这里面涉及一个很重要的东西，那就是对“国际化”这一概念的理解。由于我们谈话个体的专业认知、经历、经验的差异，我们对国际化并没有建立一个比较一致的理解。

谭静

林：要正确理解与把握教育国际化的内涵确实不是容易的事。我想教育国际化是与经济全球化伴随共生的，是一种客观趋势。教育国际化不可能是简单的一致化、同一化，而是包含着各国教育差异的辩证统一，是世界各国教育、文化的多向交流与融合。正如谭校长的困惑，其实教育国际化并不排斥教育民族化，中国的基础教育包含着丰富的国际化元素。我们去年去美国康州学校考察访问，有所学校的欢迎仪式很有中国味儿，长廊上也张贴着中国书法、剪纸、绘画等，后来经美国校长介绍才知道，他们前不久刚来过中国山东，考察了一些学校。看来教育中有很多是可以交流、融合的。

教育家书院一行参观美国学校时孩子们用中文欢迎参观者

苏：某些理念、方法、制度之所以在中外教育中都被提倡，不是因为它是“国际”的，而是因为它是“合理”的，是教育的本质属性。国际化视野的意义在于，我们会比较敏锐地发现原有教育中的一些不足，会通过借鉴国外的先进经验来更好地改善自己。

郝：文学艺术领域有一种说法，就是“越是民族的就越是世界的”。这次莫言获得诺贝尔文学奖就很好地说明了这个问题。所以我们谈教育的国际化，既要有坚定的文化自信，不妄自菲薄，又要有清醒的国际认同，这样才能既继承好本民族的优秀文化，又以一种开放的心态接纳世界上的先进文化。

郝全智

郭：现在所谓的与国际接轨，其实经常是指与欧美接轨，从来不说和非洲接轨。国际化是什么呢？我理解，共同的而且被世界公认的才是国际化。当我们有一天抛开了那些地区的、个别国家的东西，最后形成了共同的规则、共同的趋势时，这些才能被看做是国际化了的。

俞：国际化应该放在一个时间长度内来考虑。比如郑和下西洋，这个时候国际化就是我们去"化"别人；后来我们走出亚洲、走向世界，国际化就是我们去学习其他国家的东西。直到我们慢慢走到中间，有了一个交融的东西，既是我们"化"别人，也能让别人"化"我们，才逐渐步入刚刚我们说到的国际化的进程中。这是一个漫长的时间发展的问题。

苏：刚才陈校长说在推行国际化课程时，要推进文化自信、自立，我觉得这一点也是我们进行国际化要有的一个维度，要对民族精神、民族文化传统、国家价值观进行更自觉、更清醒的培育。这样培养出的人才，不仅是国际人才，更是本国发展的栋梁。

休息时继续探讨问题

郭：大家畅所欲言地讨论了很多教育国际化的问题，很有启发。究竟什么是国际化，我们在不在国际化中，在国际化中我们处于怎样的位置，我们应该如何国际化等，这些问题都值得深思。

结　语

1983 年 10 月 1 日，邓小平为景山学校题词："教育要面向现代化，面向世界，面向未来。"自此，"三个面向"指明了中国教育发展的方向。"面向世界"是否就是国际化？或者国际化是否就是学外语、有外教、去留学？在某种意义上，这是国际化的一种表现，但很难说是国际化的全部。

随着世界交往的扩展，国际化浪潮会越来越强劲，我们不可能封闭，当然也不能够随波逐流，因而对于国际化的正确认识就非常重要。究竟什么是国际化，是一个仁者见仁、智者见智的问题，也可以在不同层面上去探讨，但国际化至少应该包含以下两个方面：平等、开放的心态——国际理解，相互理解；开放中的自信——有坚定的文化自信，又不盲目自大。即国际化既要有开阔的国际视野，又要有坚定的文化自信，这样我们才能不妄自菲薄，继承好本民族的优秀文化，又以一种开放的心态接纳世界上的先进文化。

贰

学生要被分层吗？
——从“三好学生”的评比谈起

学生要和别人比吗？

“三好学生”的评比有意义吗？

什么样的奖励对学生才重要？

鼓励先进、鞭策后进是管理学的一条重要原则，被广泛运用于成人社会的各个领域，也被应用于中小学教育。学生上学以后，就面临着种种用于鼓励与鞭策的评比，“三好学生”（也可简称“三好”）是其中最重要的一项，学生、教师、家长、学校都很关注。当然，“三好学生”本身也有不同的层级，如班级“三好”、年级“三好”、学校“三好”、区（县）“三好”、省（市）“三好”……高一级的“三好”要比低一级的“三好”优秀。“三好学生”的评比，确实起到了激励学生力争上游、积极上进的作用，但同时也带来了一定的消极影响。那么，学生要不要有评比？对话从顾明远先生建议取消“三好学生”的评比开始谈起……

1. 学生要不要和别人比？

俞：我想开一个小小的话题。“三好学生”涵盖了全面发展，而且有历史渊源，但是“三好学生”的评比有一个很大的障碍，即有一个比例的问题。假定比例为15%，在这种情况下，一个班里40个学生，第7个学生永远都不能被评为“三好学生”，所以无论是评上的还是评不上的最后都麻木了。有些小学生从小就形成一个观念：我再怎么努力都不可能评上“三好学生”。顾先生有过一段针对“三好学生”评比问题的讲话，我认为顾先生当时不仅是针对评比形式，也针对“三好学生”这个名字。我们后来把“三好学生”评比形式改成了申报，即由各班的小朋友自己决定什么叫智好、德好、体好，然后根据他们的申报来评定“三好学生”，于是形成了一个系列，有“三好”、“双优”、“体优”、“文优”等。小朋友能不能成为“优秀”只和自己有关，不和别人比了。小朋友的观念改变了：不是努力了评不上，而是只要努力就一定能评上。这是我对顾先生的这个讲话的理解，现在想要求证一下。

顾：我对“三好学生”的看法是这样的。不要从小就把学生分为三六九等。我给你们讲一个故事。有一次我和北大一个很有名的老教授一起到厦门大学去答辩，在机场的时候他跟我讲：“北京怎么现在还有这样的老师？我孙女上一年级的第二天回来就跟我说：‘爷爷，我们老师说我是班上第二号种子。’我不明白是怎么回事。她就说：‘我们班老师给我们排队，谁最聪明谁排第一。我是第二名，所以是第二号种子。’过了大约一个学期，她又回家说：‘我们班上有8个笨蛋。今天下午开班会，老师问，谁是笨蛋站起来，班上8个同学站了起来。’”

我作为一名老教育工作者，听了这些感到十分悲哀。所以我提出，不要把孩子从小分为三六九等。自尊心是一个人的基本品质，是和自信心连接在一起的。有了自尊心就会建立起自信心；反过来，有了自信心就会促进自尊心的确立。对于中小学生来说，自尊心和自信心是一种巨大的教育力量，有了它，学生就能够自己教育自己。而评选“三好学生”是把成人中评先进的办法运用到少年儿童身上，是对少年儿童的一种伤害。因为，少年儿童的成长过程是曲折的，不是线性的，他们有时难免犯这样或那样的错误。如果不从发展的观点来看待学生，总认为好学生永远是好学生，“坏”学生永远是“坏”学生，既不符合学生发展的规律，也不利于培养学生成才。我们的教育方针是要人人都成为“三好学生”，而现在只有一部分学生是“三好学生”，这是不是说明教育的失败？而且，现在很多学校把“三好学生”作为升学的条件，这就带来了更多更复杂的问题，如拉票、给老师送礼等，那些成人社会中的腐败恶俗侵蚀着学生幼小纯洁的心灵。这种对学生心灵的伤害，作为一名教育工作者能听之任之吗？

榜样当然可以要，但形式可以不一样。广东有一个杨仙逸中学，是一个初中，别的初中不要的学生都在这所学校，很多学生来的时候两门课的成绩加起来都到不了 100 分，生源之差可想而知。所以学校就设立了各种奖项。你来的时候只有 60 分，期中考试考了 65 分我就给你颁发“学习进步奖”，你做了好事就有“学雷锋精神奖”。所以，好的学生可以得十个奖，差的少一点，每个学生都有奖。有的学生回去高兴得不得了，因为他们从来没有得过奖啊。只要有进步就有奖，这个办法我看就很好。当然，“三好学生”的评定有很深的历史根源，所以要改过来也很难。

郭：顾先生，这与毛主席说的“三好”有什么区别？

顾：不一样。在1953年团中央会议的时候，毛主席说，希望大家身体好，学习好，工作好。到了学校就成了身体好，思想好，学习好。

《资|料|链|接》

身体好，学习好，工作好

洛之

毛主席在接见青年团第二次全国代表大会主席团的时候，他祝贺全国青年身体好，学习好，工作好。毛主席还指示我们：新中国要为青年着想，要关怀青年一代的成长。青年们要学习，要工作，但青年时期是长身体的时期。因此，要充分兼顾青年的工作、学习和娱乐、体育、休息两个方面。

（摘自《中国青年》1953年第16期）

林：顾先生的这个观点曾经在《中国教育报》等报刊上刊登过，我们基层学校组织了广泛的讨论。后来我们学校在小学阶段就不再评“三好学生”了，代之以“星级学生”评比，评选项目更广泛，评选的方法也有点类似俞校长他们的做法，小学生和家长还是挺欢迎的。当然，也发生过一些尴尬的情况。我们个别小学毕业生因客观原因想转学去其他学校读中学，对方中学不认所谓的“星级学生”，要求我们学校转评到“三好学生”上来。所以，我们学校的中学阶段还是执行惯有的“三好学生”评比办法，因为还要与区级、市级“三好学生”评比接轨，与中考保送生条件相衔接。看来，我们要改变原有的观点、原有的政策很难。当然，我们在评定“三好学生”的时候确实会影响其他学生的自尊心。

郝：顾先生，我来自高中。前些年的省级“三好学生”在高考中是可以加分的，后来取消了。“三好”评比对学生是有实际利益的，所以就有可能被利益所异化。

顾：我们过去保送学生必须有三年的“三好”，那么别人就没有机会当“三好学生”了。有一次，一名要保送的学生只有两年“三好”，缺一年，校长就对另一名学习成绩更好的学生说：“反正你能考上学，把你的‘三好学生’借给他吧。”这不是弄虚作假嘛！

刘：在上世纪90年代我们曾经评过“健美”儿童，也就是体、智、德、美、劳五个方面都很优秀的孩子。可以想象，在幼儿期要评出方方面面都很优秀的孩子不是件容易的事。记得当时每个班就限制3—5个名额。随着我们对《幼儿园教育指导纲要（试行）》的深入学习和理解，尤其是关于尊重孩子差异、关注孩子的多元智能，从而激发孩子的积极性和主动性等方面，我们认识到，每个孩子都是不同的，每个孩子都有一个精彩的世界。2000年以后，我们不再进行统一的评价，而是评价每一个孩子自己的发展，让每个孩子都能在不同领域体现出自己的优势，我们强调的是纵向比而不是横向比。我们将评价目标的导向调整为关注幼儿经验的获得，评价方法从对幼儿发展情况的终结式评价转为过程式观察，评价结果成为教师调整教育教学策略的重要参考。同时，教师在这个过程中也提高了自己观察、评价的能力，提升了教育智慧，积累了经验。

我们幼儿园还有“表扬台”、“星星墙”，每个孩子通过自我评价和同伴评价，都能让自己成为光芒四射的主角。每一个孩子都是主角，每一个孩子都有自己的位置，同时也成为一个愿意为别人鼓掌的人。

资料链接

关于评选“三好学生”的几点思考

顾明远

去年5月20日，我在“上海教育论坛”上提出废除评选“三好学生”的建议，引起了各界的关注。赞成者有之，反对者有之。许多媒体也很关注，约我访谈。但终因时间的限制，不能尽其所言。因此我想在这里较为详细地论述一下。

其实这个建议并非今天提出来的。早在1998年我就写过一篇短文，名叫《不要把学生分成三六九等》，最初发表在上海《教育参考》1998年第6期上；2000年我又在中央人民广播电台“中午一小时”节目中与一位“三好学生”和她的班主任一起座谈过。我的观点是：评选“三好学生”，过去也许曾经起到过鼓励优秀的作用，但是近些年来已流于形式，而且把它与升学联系起来，不仅失去了鼓励先进的作用，还产生了许多弊端，不利于学生身心健康的发展。

这要从基础教育的任务说起。什么叫基础教育？就是为人一生的发展打基础的教育。基础教育对于个体的发展来说，犹如楼宇的基础，打得坚实，楼宇就能盖得高大。个体的基础打好了，他将来的发展空间就大。基础教育要打好什么基础？我认为主要是打好三方面的基础：一是少年儿童身心健康发展的基础，二是终身学习的基础，三是走向社会的基础。

打好少年儿童身心健康发展的基础是基础教育中最重要的任务，是基础的基础。没有这个基础，终身学习和走向社会都不可能发生。但是，在现实生活中，家庭和学校往往只重视少年儿童的身体发育，不大重视他们的心理健康的发展，有时甚至会有意无意地伤害他们的心理。把学生分成三六九等就是对少年儿童的一种伤害。少年儿童的心理是非常脆弱的，需要家长和老师的细心呵护，当然也需要锻炼，使他们将来经得起风浪。

我在《不要把学生分成三六九等》的短文中写过：“自尊心是一个人的基本品质，丧失了自尊心，也就丧失了人格。而自尊心是要通过老师和家长对孩子从小尊重而培养起来的。”又写过：“自尊心又是和自信心连接在一起的。有了自尊心就会建立起自信心；反过来，有了自信心就会促进自尊心的确立。因此，对于中小学生来说，自尊心和自信心是一种巨大的教育力量，有了它，学生就能够自己教育自己。因此，每个老师都要重视它，从小培养学生的自尊心和自信心。”

评选“三好学生”是把成人中评先进的办法运用到少年儿童身上，这是不符合教育规律的。少年儿童还在成长过程中，一切还不定型，不能说哪个学生优秀，哪个学生不优秀。他们正在变化中，他们的发展不是线性的，有时会犯这样那样的错误。如果不从发展的观点来看待学生，总认为好学生永远是好学生，坏学生永远是坏学生，既不符合学生发展的规律，也不利于对学生的教育。把成人评先进的办法运用于少年儿童，这恐怕是中国文化的特色，西方国家就没有这种观念。《报刊文摘》有一期上刊登了一篇小短文，大意是讲到在美国盐湖城召开冬奥会期间，我国奥委会代表团参观一所学校时，带去了两个熊猫玩具。团长对校长说一个送给你们学校最优秀的男生，一个送给你们学校最优秀的女生。这下为难了校长。他说，我们学校个个学生都是优秀的，没有最优秀的。有的学生学习优秀，有的学生运动优秀，有的学生做义工优秀。最后，校长只好把两个熊猫玩具陈列在学校的展览柜里，供所有学生欣赏。他们的教育也许很多方面不如中国，但平等地对待每个学生这一点，不是值得我们借鉴吗?

评选“三好学生”，一小部分学生受到鼓励，但却会伤害大多数学生。当然，也会有一部分学生受到刺激，以“三好学生”为榜样，争取也能当上“三好学生”。但“三好学生”的名额是极少的，因此对大多数学生来说，可望而不可即，其实是起不到激励作用的。相反，对培养他们的自信心和自尊心是不利的。

再从我国的教育方针上来讲。我国的教育方针是使学生在德、智、体、美等方面都得到发展，成为社会主义事业的建设者和接班人。教育方针是要求每个学生都是全面发展的。那么为什么只有极少数学生是“三好”呢?因此，评选“三好学生”显然与教育方针相悖。如果真要评选“三好学生”，那么，应该百分之九十以上的学生都是“三好学生”。这才说明我们认真地贯彻了教育方针，我们的教育是有成效的，是成功的。的确，“三好学生”曾经激励过一部分优秀学生，恐怕当前各条战线的骨干都曾经是“三好学生”。但是，从教育工作者的角度来讲，我们最重要的信条是，相信每个学生都能成才，我们面对的是每一个学生，而不是一部分学生。

评选“三好学生”的制度，当初的用意是好的，也曾经起过一些激励的作用。但是近些年越来越片面化。首先，评选的标准从“三好”变成了“一好”，主要是学习成绩要好。或者有些老师认为思想好就是“听话”。其次，不少地区对“三好学生”给予升学的优惠，或者作为保送高一级重点学校的条件，或者直接加分，把评选“三好学生”纳入到应试教育的轨道。于是，争“三好”已经不是争优秀，而是争升学。于是，各种弊端应运而生，为了争“三好”，向老师送礼者有之，向老师施加压力者有之，与同学讲关系者有之。成人社会中的一些腐败恶俗侵蚀着学生幼小纯洁的心灵。这种对学生心灵的伤害，作为一名教育工作者能听之任之吗？

有的人说，孩子是需要激励的，评选“三好学生”是对学生的一种激励，不能因为现在出现一些弊端而废之，不要“因噎废食”。“孩子是需要激励的”，这句话千真万确。问题是，“三好学生”到底能激励多少孩子？对多少孩子有伤害？有没有别的激励办法？任何一个制度不能是永远不变的。所谓与时俱进，就是当一种制度不能适应时代的需要时就应该变革。教育制度也是如此。有没有别的激励办法？当然有，而且可以有很多办法。只要我们从传统教育思想中解放出来，各所学校、每位老师都会想出许多办法。我曾经在七八年前参观过广东省中山市一所初级中学，叫杨仙逸中学。这是一所薄弱学校，拿校长的话来说，别的中学不要的学生都进入了这所中学，生源之差可想而知。但学校没有嫌弃他们，而是开展“激励教育”，激励每个学生。他们设立了许多奖项，有“学习进步奖”，只要这次考试比上一次考试有进步，就可以获得“学习进步奖”；“学雷锋精神奖”，只要做一点好事就可以获得“学雷锋精神奖”；还有其他各种奖，每个月发一次。优秀的学生一年最多可以获得十个奖，差的学生每年也能获得两三个奖。有一个所谓差生，从小就没有人夸过他，有的总是批评、呵斥，到这所学校以后居然也能得到奖。他拿到奖时的激动心情是难以形容的，并从此走上进步之路。有的家长也反映，自己的孩子进了这所学校以后变了，变得懂事了。这所学校“激励教育”的成功经验不是值得推广吗？其实各地还有许多激励学生的经验。因此，评选“三好学生”的制度是可以由许多更好的办法替代的，激励学生的方法是很多的。我们要有一个信念，即每个学生都是能够成才的，没有教不好的学生，只有不会教的老师。表现差的学生是教育不当的结果，他们更需要老师的呵护和激励。

从经济学的观点来讲，任何改革都需要成本。制度的改革是一种利益的再分配，教育改革也不例外。废除“三好学生”的评选，也是一种教育制度的改革，也需要付出成本。有些人赞成有些人反对是不足为奇的。我作为一名教育界的老兵，提出这个建议，并非心血来潮，也不是为了新闻炒作，而是出于对教育的忠诚，对少年儿童的爱护。但我这也只是一家之言，欢迎大家讨论，取得一致的认识。对教育发展有利，对儿童身心健康发展有利，这是一个教育老兵的心愿。

（摘自《思想理论教育（新德育）》2005 年第 2 期）

---

2. 什么样的奖励对学生重要？

顾：2000 年，我曾经在中央人民广播电台“中午一小时”节目中与一位“三好学生”和她的班主任一起座谈过。我问那个“三好学生”：“你感觉被评了‘三好学生’后有什么变化？”她说：“我评了‘三好学生’后需要约束自己的很多行为。”我就问她：“什么行为需要约束？你该做的事情就该好好做，不该做的事情本来就不该做。”她的意思无非就是要听老师的话，这样老师和同学才会认为自己是个好孩子。但是这样能培养出创造性人才吗？你说爱因斯坦他能评“三好”吗？钱钟书也不能评“三好”吧。把评价劳动模范的办法搬到学校教育中来，这都是计划经济体制下的产物，对孩子的评价不能采用这种形式。

郭：我觉得俞正强校长的做法也还是有可取之处的。他让孩子申报，给了孩子一个积极进步的台阶，核心也是主张孩子进步，这比评“三好学生”要好。是自己和自己比，看进步的空间。这是一个鼓励进步的机制。

林：俞校长介绍的是在评选机制上有所改变，是值得肯定的。但也是别人来评选。即使是自己申报，是自己跟自己比，仍然存在评价标准和所谓的荣誉称号，仍然是在以成人的思维、成人的标准来评价学生。这中间的关键是“要做自己眼中的我，还是父母眼中抑或老师眼中的我”。

邱：刚才我们谈到的教育国际化，首先是人的培养观念要国际化。老师眼中、父母眼中的“我”与实际的“我”有偏差。成人判断，往往是基于“有用”，很多家长和老师将孩子的“特点”与“特长”、“个性”与“缺点”简单混淆。

顾：有些孩子学习不好、体育很好，调皮的孩子还会帮助人，各有各的优点。

邱：这就折射出教育体系评价的一个虚空。教育需要评价，但是简单地通过考试进行评价显然是不合理的。目前我国许多学校对学生的学业评价，最后是简单地汇总到一张成绩报告单上。高考、中考的评价改革喊了这么多年，有点实质性改变的，寥若晨星。

邱华国

潘：这让我想到《第 56 号教室的奇迹》，雷夫班上的学生本身就来自于一些背景不是很好的家庭，身上带着一些陋习，有着来自社会的不良影响。我和雷夫还有过面对面的交流，他说在班里面从来没有称号的评比。每一年他们都有莎士比亚戏剧的表演，在这个戏剧表演的过程中孩子们很辛苦，他没有给孩子任何奖励表彰，但是孩子们积极性没有下降，相反很高，孩子们内部的成就感逐渐增强。雷夫就说，最好的奖励不是来自老师、家长给的外部的奖励，而是孩子内部的奖励和成就感。我们给孩子们做了很多评价，其实有时候想想，这些评价可能就是为了我们自己管理起来方便而已，希望孩子们按照规章制度来办，但是我们限制了很多孩子的天性，没有从孩子的成长需要出发。如果从孩子成长的需要出发，就应该让他们向善、向美、向好。如果要达到这些，我们就应该从美好的事物、成功的经验中激发他们向善、向美之心。

资|料|链|接

《第 56 号教室的奇迹》介绍

雷夫·艾斯奎斯，一位美国传奇教师，他三省其身，教学更育人，他结合理论，创新了简单而有效的教育方法，他设立的“终身阅读”、“生活中的数学”、“以运动为本”等课程不仅可以在课堂上立刻实践，在家庭教育中也同样实用。

此外，与铁腕管理相反，他提倡的是“没有害怕的教育”和彼此信任；与“小红花”奖励不同，他反复强调知识本身就是最好的奖品……优异的教学成绩，谦逊有礼、诚实善良的学生，这样的成就，追溯其根源是雷夫老师运用了“道德发展六阶段”理论：我不想惹麻烦—我想要奖赏—我想取悦某人—我要遵守规则—我能体贴别人—我有自己的行为准则并奉行不悖。近 25 年的教育实践，雷夫老师深信：着力于孩子的品格培养，激发孩子对自身的高要求才是成就孩子一生的根本。

第 56 号教室感动了整个美国，而且还被拍成纪录片，雷夫老师的这本《第 56 号教室的奇迹》也成为美国最热门的教育畅销书之一，但他仍然坚守在这间不断创造奇迹的第 56 号教室。

雷夫·艾斯奎斯介绍

雷夫·艾斯奎斯老师创造了轰动全美的教育奇迹，被《纽约时报》尊称为“天才与圣徒”，《每日新闻》则誉他为“当代的梭罗”。25年来，他一直在霍伯特小学担任五年级的老师。该校位于洛杉矶，高达九成的学生家庭贫困，且多出自非英语系的移民家庭。可是，就是在这样恶劣的环境下，雷夫老师班里小学生的成绩高居全美标准化测试（SAT）前5%；他独创的阅读、数学、艺术等基础课程深受孩子们喜欢。雷夫老师还依据“道德发展六阶段”理论培养学生的人格，其中提出的“我有自己的行为准则并奉行不悖”与儒家思想所提倡的“慎独”不谋而合。在这种引导下，孩子们的品行发生了令人惊异的变化，谦逊有礼而且诚实善良。他们长大后纷纷顺利进入哈佛、普林斯顿、斯坦福等名校就读，还经常返回第56号教室捐款、做义工，一时间成为美国教育界的佳话。

（摘自《第56号教室的奇迹》，中国城市出版社，2009）

刘：我们在幼儿教育中，强调每个孩子的独特性。我们园里有288个孩子，2004年我们提出“288个孩子，288个世界”。

与雷夫老师一样，我们也是通过艺术活动来调动学生的创造性，挖掘他们的独特潜力。关山月美术馆是深圳的艺术圣地，2004年，我们在这里主办了“288个世界”幼儿创意美术作品展，展出了500多幅孩子的作品。当一位美协主席看到我们一位3岁孩子的小脚丫踩出的图画时，感叹地说：“真是连大师都望尘莫及。”

2005年，深圳青少年宫落成，我们又举办了《288个世界》大型儿童剧专场演出。9个班演出了9个儿童剧。这些儿童剧都是由孩子、老师、家长共同创作的。演出期间，全场爆满。我们的演出让教师、家长理解了孩子的世界，看到了孩子们的创意与潜力。在这些活动中，我们

■ 深圳实验幼儿园孩子们的“288 个世界”

体会到活动要尊重孩子的差异，让孩子自己选择喜欢和能够完成的角色，要让孩子体验成功而不是失败，让孩子们体会到更多挑战。

到2008年，在深圳大剧院，我们的孩子们又演绎了大型六幕童话剧《宝宝回家》。这部童话历险记是请专业人士为孩子们量身打造的，每个动作都根据孩子们的身心特点精心设计，这给了他们全新的世界与更多的挑战。通过可以发挥自己个性的广阔的空间，构筑起独有的思维和情感，这样他们的世界才会变得多彩。

正是在这样的主动活动中，孩子们呈现出独特的个性和才能。他们不仅可以登台表演话剧，还学会了唱歌和画画，甚至连泥巴都玩得与众不同。中央电视台还曾经报道过我们的儿童剧。

郭：活动是儿童成长的途径。儿童不仅能在活动中增长才干，其道德感也必须通过活动形成和发展。

顾：美国著名教师雷夫说德育有六个阶段，第一是害怕被惩罚，第二是为了取悦别人、得到奖赏，最后第六个阶段是没有其他人在的时候我还做我自己应该做的，这种道德感的内化不是做给别人看的。

动机有外部动机和内部动机之分，外部动机就是奖赏，内部动机是对学习的兴趣、成功的喜悦。做一道题做对了，就有喜悦感，然后就会再去做。外部的动机是暂时的，有些家长说这次期中考试考好了奖励给你什么东西，如果考不好就没有奖励，这个动机也就结束了，或者奖励得到了，那么动机也就结束了，这种奖励和内部驱动力是不同的，内部驱动力是最根本的。所以，教育应该激发学生的内部动机，逐渐培养学生的自信和内部驱动力，这个才是长久之计。

《资料链接》

雷夫：道德发展六个阶段

张贵勇

道德发展第一阶段：我不想惹麻烦。第一阶段的思考是以恐惧为基础，而我们要孩子们有良好行为表现的最终目的，是让他们相信这么做是对的，不是因为害怕惩罚才去做。

道德发展第二阶段：我想要奖赏。第二阶段，你在做任何事情的时候希望得到奖赏。孩子们终于开始因为“不惹麻烦”以外的理由做出决定了，但老师往往会犯下我们班称为“第二阶段思维”的错误。

道德发展第三阶段：我想取悦某人。第三阶段，我会问学生这是你做的一件艺术品，实际上并没有什么关系，关键是你自己觉得这件艺术品怎么样。孩子们慢慢长大以后，也开始学会做些事情来取悦人。

道德发展第四阶段：我要遵守规则。实际上很多的学校是第四阶段的行为方式，我来遵循规则，学生们必须遵循这些规则和守则。

道德发展第五阶段：我能体贴别人。第五阶段，我会考虑其他人。比如我在酒店里面会保持安静，我保持安静并不是因为我担心有些麻烦、并不是要讨好别人，也并不是因为有规定。因为我很体贴他人，因为我知道在另外一间房子里可能有人想休息。不论是对孩童或是成人而言，第五阶段都是很难企及的。

道德发展第六阶段：我有自己的行为准则并奉行。最难实现的应该是第六阶段。这个时候我们的学生会自己养成一套行为规范，而且一直会遵循，这本身就体现了学生自身。即使他的父母不在身边，他们在自己的内心都是非常自律的。第六阶段不但是最难达到的，也是最难教的。因为行为准则存在于个人的灵魂中，其中还包括了一份健全的人性在内。这种组合使得仿效成为不可能。就定义而言，第六阶段的行为无法教，也无法讲述。“看看我现在做的事情，这就是你们应有的表现。”一旦你做出示范，就等于违背了第六阶段的定义。

（摘自《中国教育报》，2012年3月9日，有删改）

苏：我觉得我们太急于终端性评价了，在一个较短的时间，用同一个模子去套千差万别的学生，结果不合格的就很多。不同的孩子，即便在相同的阶段表现的形式也是不同的，比如，有的接受快，但不很扎实；有的慢热，但有可能深刻。男、女生表现的形式就更不一样了。我认为，学生的发展要分为成长期和成熟期，他们要经过小学 6 年、初中 3 年、高中 3 年才能进入成熟期。这种分法只是对大多数学生而言，也有例外。那么，在小学、初中、高中阶段的每一天，我们要鼓励孩子认真成长，以自己的速度、方式向目标靠近。教师要有静待花开的从容，少用一些考评甄别孩子，甚至给一些孩子贴上落后的标签。

我想起曾经看过的一部电影，是根据王朔作品改编，张元导演的，叫《看上去很美》。有句解说词，大概是“这个陌生的地方（幼儿园）有种统一的标准正统治着所有的小伙伴们，就是贴在每个人名字后面的小红花”。小主人公方枪枪一直在争取得到小红花，但却未能如愿，最后，成了老师认为道德品质不好的坏孩子。如果老师能够在方枪枪学会自己穿衣服、按时大便、主动洗手后，给他一个鼓励的小红花，说服其他孩子接纳他，那童年生活就不是看上去很美，而是真的很美。教师要想教育孩子，必须走进每个孩子的心灵世界，关心他的真实感受，鼓励他的点滴进步。没有真正的关心，只知道强迫，只讲求统一的标准，是不可能教育好孩子的。我们这些人，其实是成长在“小红花”时代的，我们对统一的标准是有依赖的，这样的依赖不仅不利于创新能力的培养，而且可能会给孩子们带来很大的不良影响。

邱：我想到一个问题。我们的学生要戴红领巾，一直到 14 岁。戴红领巾，对儿童来说，应该是一种荣誉，但是现在很多初二的孩子已经一米八了，很多孩子觉得戴红领巾是一种羞怯的事，显得自己好像还没有长大，不愿意戴。就此事引发开来，我觉得我们应该深入探讨一些问题。

顾：现在团中央要办一个专门培养少先队辅导员的专业，我们讨论了很多次，建议叫它“少先队学”，团中央领导要把它做成一个带有政治意识形态的课程，强调要培养少先队的政治意识。少先队是中国共产党领导下的少年先锋队组织，戴红领巾原本是有政治意义的。开始的时候只有表现好的学生才能入少先队，戴红领巾，后来觉得这样不好，对一部分学生是歧视，所以上个世纪 80 年代就让全体小学生都戴了。到初中确实有孩子就不愿意戴了。

俞：红领巾小朋友的确不喜欢戴，尤其是夏天。

顾：其实按我的想法，活动的时候戴，不活动的时候不戴是完全可以的。

《资|料|链|接》

少先队简史

中国少年先锋队前身为中国少年儿童队，成立于 1949 年 10 月 13 日。但中国少年儿童的革命组织，从本世纪初的劳动童子团算起，已有 70 多年的历史了。少年儿童革命组织的发展随着中国革命形势的发展而发展，大体上可以分为五个阶段：即 1924 年到 1927 年北伐战争时期的劳动童子军；1927 年到 1936 年土地革命战争时期的共产主义儿童团；1937 年到 1945 年抗日战争时期的抗日儿童团；1946 年到 1949 年建立的少年先锋队；1949 年新中国成立后建立了全国统一的组织——中国少年儿童队，后改名为中国少年先锋队。

（参见中国共青团网 http://61.gqt.org.cn/jczs/sxdds/200906/t20090617_258852.htm）

红领巾的来历

1922 年 2 月 13 日，世界上第一个由工人阶级政党领导的少先队组织，在苏联莫斯科诞生了。刚成立的少先队，没有特殊的标志。那时的饥饿、困难正威胁着全苏人民，当然考虑不到少先队的标志问题。列宁的夫人克鲁普斯卡娅十分关心下一代的成长，建议共青团给少先队员们设计一种特有的标志。在一次接受新队员的大会上，来参加会议的先进女工把自己的红色三角头巾解下来系在少先队员的脖子上，勉励他们说："戴着它，别玷污了它！它的颜色是同革命战旗一样的！"红领巾就这样诞生了。

（参见中国共青团网 http://61.gqt.org.cn/jczs/200905/t20090509_237606.htm）

结　语

坚信每个孩子都是优秀的，是教育活动能够宽容地、道德地、以发展的眼光来看待学生的重要前提。积极地对待学生就会使学生有积极的自我期待，这正是罗森塔尔效应的启示。那么，如何才能够积极地对待每一个学生，激发和保护每一个学生独特的优势，而不是简单地给一个分类、分层的标签，需要每一所学校、每一位教师的智慧创造。这就是教育中"如何培养人"的问题，是教育活动永恒的话题。

叁

怎样保证教师队伍的高素质？

博士到中小学当老师是无奈的选择吗？

高薪等于高素质吗？

教师做家教合理吗？

绩效工资能激发教师的积极性吗？

幼儿园的男教师过得好吗？

《教育规划纲要》指出：“教育大计，教师为本。有好的教师，才有好的教育。提高教师地位，维护教师权益，改善教师待遇，使教师成为受人尊重的职业。严格教师资质，提升教师素质，努力造就一支师德高尚、业务精湛、结构合理、充满活力的高素质专业化教师队伍。”那么，如何改善教师待遇、提高教师素质呢？对话从农村教育的质量说起，谈到了关涉教育质量的教师素质问题……

娜：很多网民都在谈现在的辍学率比10年前还高。党的十八大在整个教育上有九个方面的改革。现在我们大喊加强“三农教育”，实际上农村教育不是加强而是丧失，很多农村的优秀教师为了下一代获得更好的教育，就想办法到大城市或者更好的学校去，造成了优秀教师背井离乡。国家要求培养创新型人才，但是三流教师教一流学生，怎么培养创新型人才？观念、口号、理论、政策都有，但是最后落在实践上的却没有多少。有理念的没办法做大，没理念的永远都是这样。习近平总书记去看《复兴之路》，谈话中表达出作为领导人，他对教育充满信心。但是，中国只有一个北师大，北师大的力量不可能辐射到所有地区，所以各个地方的教育只有自己救自己。应该从教师基础上把好入口关。现在很多学校有钱就做一些提高教师质量的事，没钱就不做，国家还没有一个稳定的、正规的、持续的制度去做这些事情。所以教师不应当只是考核，应该把好入口关，有些老师真的不合适做老师。

马丽娜

谭：如果我们把这个问题放在一个宏观的背景下思考，还有一个重要的影响因素不能忽视，那就是国家教育经费投入问题。教育经费是教育事业发展的物质基础，也是建设优秀教师队伍重要的经济保障。我们国家与一些西方国家略有不同，教育经费投入主要靠政府拨款，源于非政府性组织捐助的微乎其微。那么，财政性教育经费支出占GNP/GDP比重的大小对教育经费投入就起到了决定性的作用。从1993年颁布的《中国教育改革和发展纲要》提出财政性教育经费支出占国民生产总值（GNP）[①] 4%的比例这样一个目标，历经20年，时至今日，才刚刚实现。总体看来，国家对教育的投入相对较少，教师的工资比较低，很多条件好、素质高的人就不愿意选择教师这份职业。这是一个很现实的问题。

资|料|链|接

《中国教育改革和发展纲要》第六条第四十八项

逐步提高国家财政性教育经费支出（包括：各级财政对教育的拨款，城乡教育费附加，企业用于举办中小学的经费，校办产业减免税部分）占国民生产总值的比例，本世纪末达到百分之四。

1. 怎么看博士到中小学当老师？

俞：这段时间有一个话题，一个清华大学数学系的高材生不在数学系工作，到初中去教数学。他老师都很痛心，说他是难得一见的天才。

① 现一般以财政性教育经费支出占国内生产总值（GDP）的比例作为衡量指标。

谭：前些天我们学校招聘教师，有 260 多位博士生来应聘。在面谈的时候，我问他们："你为什么到中学来当老师？"其中有一位博士说："现在的教育主要是中学教育出问题了，科研人员缺我一个不成问题，但是我想在中学做一个尝试，能不能培养一些创新型的人才。"我看到现在有很多高材生对中学的教育很重视，有一批人是由于就业压力大，有一批人是想来中小学完成他们对教育的一些理想。这是很有意义的选择和变化。

刘：现在越来越多的幼儿园都有研究生教师，我们幼儿园就有 4 个。说到理想，她们都是怀揣着理想走进学前教育的，是真心想搞学前教育研究的，希望教育真的是从"娃娃"抓起。我们有个研究生，她学过好几个专业：生物学、心理学、学前教育，她觉得在幼儿园非常有意义，可以做多方面的研究。

深圳实验幼儿园教研室成员集体照

俞：以前，很多优秀的人都是在教中小学的，像在浙江上虞，是由一些像朱自清这样的人在教中学，我们顾先生原来也在小学教过。而现在我们的观念变了，社会舆论导向变了，要是非常优秀的人去教中小学就要引起很大反响甚至被认为是炒作了。

对话现场

2. 教师待遇和教师素质是什么关系？

功：这次和郭老师一起去芬兰考察是很受启发的。芬兰教育的最大特点，第一是高质量，第二是轻负担，第三是均衡化。这也是世界教育追求的一个方向。这些特点的背后其实最重要的是有一支高素质的教师队伍。在芬兰，教师是一个很受人尊敬、令人向往的行业。教师待遇不是最高，但是也很不错。在芬兰学生中调查，有26%的中学生第一志向是做老师，在求职意向中比例是最高的。而教师职业的录取率为6.4%，能成为教师的人是会考人中最优秀的。也就是说，芬兰是第一流的人才在从事教育。另外，中小学教师都是五年毕业，强调教师培养的高质量。我们现在的教师队伍也正从扩大数量转变到提高质量。我们现在有一个教师职业标准，但是教师素质和教师待遇必须相挂钩，才能够吸引优秀人才进入到这个行业中，教师队伍的总体素质才能提升。有些人认为只有在比较好的国家里教师待遇才比较好，其实不尽然，比如有资料说孟加拉国在整个亚洲国家中，教师待遇是最高的，比普通公务员高出数倍。

马新功

林：其实关于教师工资待遇如果真正能做到“不低于当地公务员待遇”就已经不错了。教师工资待遇其实是低于机关事业单位的。我们所在的区工资待遇大概排序是公务员第一，机关事业第二，然后才是学校。我们有《教师法》等法规，但是没有具体落实到位，打了折扣，所以教师工资待遇得提高。

刘：确实是，由于幼儿教师待遇偏低，导致幼儿教师队伍极不稳定，流动性非常大。目前，深圳市民办幼儿园学前教师平均工资为 1481 元 / 月，而深圳的月嫂 8000—12000 元 / 月、洗脚工 2000—3000 元 / 月，幼儿园教师工资低于洗脚工工资。不少幼儿园招不到教师，更谈不上招到优秀教师。深圳大学和宝安职校幼师专业每年培养约 100 名毕业生，毕业后选择幼师职业的不到 5%，三年后基本全部转行。

功：在我国很多时候还不能看拿到手的工资，还有一些其他性质的福利也应该考虑进去。

发表观点

俞：其实小学老师的地位已经提高很多了。像我们年轻的时候，小学的男老师找老婆都是很难的。

林：虽然当时我们这批老师还是很优秀的。

谭：上个世纪 80 年代，报考师范的学生应该是比报考重点高中的学生还要优秀。当时中师的录取分是很高的。

俞：但是你再优秀也找不到老婆。现在能找到（老婆），说明待遇和地位都提高了，但是教师整体水平却在下降。

刘：小学属于义务教育，小学教师还是有一定社会地位的，算是体制内的人。由于学前教育没列入义务教育范畴，所以肩负早教启蒙任务的学前教师处境尴尬，地位低下，得不到社会的认可和尊重，待遇难以保障，从而造成这个行业失去吸引力，师资难以保持稳定，根本找不到优秀人才，目前就出现幼儿教师人才断层的现象。

公办幼儿园编制冻结，只出不进，队伍呈现老龄化，严重影响教师的工作热情。幼儿教师大多对职业前途感到渺茫，没有职业的荣誉感和归属感。由于门槛低、选择少，教师专业素质普遍较差，责任心不强。幼儿园工作强度大，安全责任大，养老又无保障，户口也无法解决，素质高、学历高的人甚至都不愿意来幼儿园当园长，以至于部分园长没有幼教专业的大专及以上学历，近半数教师无教师资格证书，近 80% 的教师无专业职称。

陈：现在的教师最大的目标就是拿到高级教师资格，然后就没有动力了。另外，拿到了高级教师资格后，评聘分开，聘不到一个岗位，也影响了教师的积极性，从而导致师资流失。

林：现在中小学教师也可以评正高级啦。今年浙江省推出 30 个名额，可以评 30 位左右正高级教师，宁波、嘉兴、衢州三个地区先开始试点。但是要求特别高，难度也很大，目前是不可能辐射到广大中青年骨干教师的。目前，主要是“四十后”（指年龄 40 岁以上）完成了高级教师职评的老师，没有明确的、实际的专业发展目标，发展动力不足。

《资料链接》

《中小学教师职业道德规范（2008 年修订）》第五条

五、为人师表。坚守高尚情操，知荣明耻，严于律己，以身作则。衣着得体，语言规范，举止文明。关心集体，团结协作，尊重同事，尊重家长。作风正派，廉洁奉公。自觉抵制有偿家教，不利用职务之便谋取私利。

（摘自中国教育新闻网 http://www.jyb.cn/xwzx/gnjy/bwxx/t20080902_192557.htm）

《关于2008年纠风工作的实施意见》第二条第四款

深入治理教育乱收费。……严格规范学校服务性收费和代收费行为，禁止任何部门和学校统一征订教辅材料和开办有偿补习班，严禁中小学教师举办或参与举办各类收费培训班、补习班、提高班。

（摘自中国政府网 http://www.gov.cn/zwgk/2008-04/10/content_941311.htm）

3. 教师做家教合理吗？

林：还有一个大问题就是有偿家教，这个对于老师各方面的影响太大了。现在发达地区的老师做家教能赚到百万，有的离开了教育系统，有的是私下兼职做。省教育厅、市教育局是三令五申地禁止，但是改观不大，这个利益驱动太大了。

顾：北京一个老师做家教是几百块钱一个小时，研究生是每小时70块钱。

郝：教师做家教屡禁不止，正说明了一种强烈的社会需要吧？教师利用周末或者8小时之外的休息时间做家教，满足了一部分家长和学生的补习提高的需要，这也证明了知识的价值。

谭：但这里面有一个问题，选择做家教的老师价值追求并不完全一样，不能排除很多老师选择做家教，单纯就是为了个人生活水平的提高。动员自己班上的学生去上补习课，会产生很多连锁问题。

陈：我举一个例子。有个老师在外面开了一个班，课堂上讲课有所保留，在补习班上就多讲一些内容，这样不参加补课的学生成绩自然会受到影响。

郭：如果老师在校正常讲课，没有涉及故意不讲的问题，那课后他去做家教可以吗？从职业道德上说我不影响工作，而且我精力充沛，愿意在课后去做家教，多讲几次课水平还提高了，为什么不可以？

郭华

林：陈校长说的情况是典型的没有职业道德的，我们现在讨论的是不违背职业道德的情况。老师的确可以在 8 小时之外进行讲课，但当一个人 8 小时以内的工资收入远远低于 8 小时之外的，“主食”和“副食”之间明显颠倒的时候，对一个教师来说肯定就会有影响。

郭：若外面做家教收入 3000 元，在学校当老师只有 300 元，他还不辞职，这说明他在体制内需要有一个身份认定。能在外面拿 3000 元的课时费，说明他在体制内是一个好老师，有能力在外面开课，但他需要有体制给予肯定。为什么很多事情屡禁不止，就是没有找到一个症结。

苏：家教屡禁不止，从根本上讲还是社会有需要。对应试而言，有经验的优秀老师的讲解辅导的确有助于学生成绩的提高；反过来，家教的存在，使班级授课的起点更加不确定和复杂，任课教师不得不调整讲课的方式、速度，也使更多的孩子不得不加入补课大军。越是好学校，越是好学生，补课的越多，加重了许多家长的紧张情绪。好学生的时间太多被固定在书本上了，这对于国家人才的培养，特别是创新人才的培养是不利的。

陈：一个老师在外面讲课收费会对其他老师有很大影响。

曹：这有一个问题。大学老师和中学老师不一样，中学老师其实在做 13 个小时的工作，而不是 8 小时。

郭：对，那就是学校或者政府应该付给老师 8 小时外工作的酬劳。

谭：这就是教育经费的分配和拨付问题。

曹：当我在 8 小时之外还要去做家教、去讲课，那么原来学校里面那些 8 小时之外应该做的工作，比如备课、批改作业等就耽误了，从而影响了学校教学。

陈：关键还有一个问题，就是对其他老师影响不好。有些老师要当班主任，一天到晚都要到学校，他就会觉得凭什么我要做这么多事，其他老师还可以去做家教，心里就不平衡了。

郭：关键是老师们要争取自己的权利。

林：家教不好的另一个原因在于异化了师生关系。如果一个孩子成绩不好，通过老师做家教，成绩上不来他自己有想法，而成绩上来了其他同学又有想法，这就异化了同学关系、师生关系。同样，家教也会异化老师之间的关系。若一个老师通过做家教获得了较高收入，与他搭档的其他老师遵守规则没有去做家教，时间久了，这些搭档的老师也会有想法。

顾：我说几个意见。一个问题是马校长讲的教师工资待遇不提高的确对教师社会地位有影响。我走了一些地方，从工资水平来说，有很多地方教师的工资水平和公务员差不多了。当然，公务员还有其他含金量较高的福利待遇。就北京来说，有些知名中学的老师比大学老师的工资还要高。这就要因地方和学校而异了。第二个问题要分析，大学老师可以外出讲课交流，但总出去讲课赚钱也是不对的，大学老师也应该认真备课、讲课，应该搞科研，经常出去讲学就耽误搞科研了。第三，不能用攀比的心态来谈收入。教师标准很强调对教师职业的认知，这个职业和一般谋生的职业是不一样的，如果要赚钱那就去做房地产，这个收入高。既然要当教师，就应该对这个职业、这个事业有一个认识，要为学生服务，要爱学生。老师这个职业是很辛苦的。补课有两种，一种是学生确实需要补课，这种情况可以交点钱，老师也可以收钱；另一种是把补课作为一个职业，这就不一样了。8 小时劳动时间主要针对工人，工人体力劳动强度大，过去资本家使用工人超过 8 小时，损害健康，所以

顾先生发言

工人阶级起来斗争，要求8小时工作制。其实很多职业的工作时间都超过了8小时，包括公务员，很多公务员也是很辛苦的，要不然每个职业都没有敬业的说法了。

郭：顾先生的意见我很同意。教师是应该敬业、奉献的，优秀的教师都具有这样的特征。但是我想讲的是，个人自愿的奉献和制度设计上对教师的关怀是有区别的。不能只强调教师奉献而不去关注、关怀教师的生活状况。要真正通过制度设计使教师过上相对稳定的、有保障的生活。

林：我曾经说过教师专业发展中存在职业倦怠和职业困惑等现象。我们做校长的要引导教师发现三种生活意义：一是发现教师个体教育的意义，教师的行为是具有教育意义的，当教师明白自己的工作对学生成长具有特别意义的时候，其专业情意指数将会达到最佳状态；二是发现教师个体成长的意义，我们倡导“有教师的成长才有学生的成长”，鼓励教师不断学习，不断研究，让自己的知识结构与教学艺术随着教学的深入而日益成熟和完善；三是发现教师个体的历史意义，每一个教师个体都可以创造学校的历史，都可以在学校发展史上留下自己的一页，以此来激励教师为学校的发展做出更大的贡献。

4. 绩效工资能激发教师的积极性吗?

俞：我觉得做校长最主要的一个任务就是激发老师。顾先生对这个方式有什么想法?

顾：让老师愉快地教学。

俞：现在大家都希望工资多发点、活少干点；校长都希望活多干点，工资少发点。绩效工资的激发效果不是太好。

林：国家这么多高级研究人员怎么就没想到定岗定编后会出现那么多问题，毕竟定岗定编是涉及教职工利益和学校管理的大事。校长们都知道这个绩效工资对激发老师的工作积极性不太有效果。有些学校因为相应岗位的人数超编，所以理论上今后不能评相应的职称了，这就给学校带来了压力，也给发展中的教师当头一棒。所以，现在教育局和相关部门商量，如果学校超编了可以在区域内进行调剂，如果区域内都满员了，就以 2% 的数量申报。绩效工资、定岗定编这套制度在前期出台的时候怎么没有想到有那么多制约因素？如果仅从激发教师工作积极性这个方面来说，国家制度的规定不太适用，而且在实际操作中事与愿违。

曹：我觉得国拨绩效工资是比较好的。以前绩效工资都必须校长自己想办法给老师发，现在学校有能力给老师发工资了，不需要自己去找钱，不需要去收择校费了。

顾：农村学校有了绩效工资后，的确是涨了工资，农村反应是好的。从全国范围来看，教师的平均收入也确实有所提高。

曹：平均主义其实是有好处的。比如说学校因为国家给了工资，收择校费的动力就下降了，对教育均衡发挥了一定作用。

《资料链接》

《关于义务教育学校实施绩效工资的指导意见》第三、第四条

三、绩效工资的分配

（一）绩效工资分为基础性和奖励性两部分。基础性绩效工资主要体现地区经济发展水平、物价水平、岗位职责等因素，占绩效工资总量的 70%，具体项目和标准由县级以上人民政府人事、财政、教育部门确定，一般按月发放。奖励性绩效工资主要体现工作量和实际贡献等因素，在考核的基础上，由学校确定分配方式和办法。根据实际情况，在绩效工资中设立班主任津贴、岗位津贴、农村学校教师补贴、超课时津贴、教育教学成果奖励等项目。

（二）充分发挥绩效工资分配的激励导向作用。教育部门要制定绩效考核办法，加强对学校内部考核的指导。学校要完善内部考核制度，根据教师、管理、工勤技能等岗位的不同特点，实行分类考核。根据考核结果，在分配中坚持多劳多得，优绩优酬，重点向一线教师、骨干教师和做出突出成绩的其他工作人员倾斜。

（三）学校制定绩效工资分配办法要充分发扬民主，广泛征求教职工的意见。分配办法由学校领导班子集体研究后，报学校主管部门批准，并在本校公开。

（四）校长的绩效工资，在人事、财政部门核定的绩效工资总量范围内，由主管部门根据对校长的考核结果统筹考虑确定。

四、相关政策

（一）《中共中央办公厅国务院办公厅转发〈中央纪委、中央组织部、监察部、财政部、人事部、审计署关于严肃纪律加强公务员工资管理的通知〉的通知》（厅字〔2005〕10号）下发前，学校发放的改革性补贴，除超过规定标准和范围发放的之外，暂时保留，不纳入绩效工资，另行规范。在规范办法出台前，一律不得出台新的改革性补贴项目、提高现有改革性补贴项目的标准和扩大发放范围。

（二）原国家规定的班主任津贴与绩效工资中的班主任津贴项目归并，不再分设，纳入绩效工资管理。

（三）义务教育学校实施绩效工资时，对完全中学中从事非义务教育教师的津贴补贴问题，由学校统筹考虑。

（四）在实施绩效工资的同时，对义务教育学校离退休人员发放生活补贴，标准由县级以上人民政府人事、财政部门确定，绩效工资不作为计发离退休费的基数。

（五）实施绩效工资后，学校不得在核定的绩效工资总量外自行发放任何津贴补贴或奖金，不得违反规定的程序和办法进行分配。对违反政策规定的，坚决予以纠正，并进行严肃处理。

（摘自中国教育网 http://www.edu.cn/zhuan_ti_5118/20090115/t20090115_355319.shtml）

5. 幼儿园男教师的生存状态

俞：我们讲点开心的事情，现在讲的都太沉重了。

陈：现在当老师很快乐的很少，香港老师也很苦。

俞：老师们都说：只要春游，孩子个个都像花朵，只要一回学校，花朵就都没有了。给孩子当花朵的时间太少了。

李：虐童事件之后，现在幼儿园教师面临着更大的社会压力。怎样可以更好地帮助幼儿园老师寻找到职业幸福感呢？

李燕

资|料|链|接

浙江温岭虐童幼师多次将学生倒插垃圾桶虐待

温岭警方通报称，(2012 年) 10 月 24 日当天，网络上流传一张幼儿园女教师以拎耳朵的方式虐待学生的照片。后查明，颜某自 2010 年在温岭城西街道蓝孔雀幼儿园工作以来，多次对幼儿园学生以胶带封嘴、倒插垃圾桶等方式进行虐待，并拍照取乐。

而在颜某的空间里，被网友搜出的有关幼儿园照片多达702张，不少是虐童的照片。其中一张图片说明为“活该”，当有网友评论建议她“删掉这些照片”时，她回复称“没事”。网上流传的用双手拎起幼童双耳的照片，是今年10月上旬，颜某在实施该行为时，要求同事童某帮助拍摄的。

（摘自新浪网 http://news.sina.com.cn/s/2012-10-26/023925440842.shtml）

顾：虐童其实还是个别事件。要把孩子看做是自己的孩子，当你看到孩子的成长你就会开心了。

李：是的，像温岭等地发生的虐童事件是个别幼儿园、个别教师的行为，但由于施虐对象是幼儿园天真的、缺乏自我保护能力的孩子，所以引起的社会影响非常大。而且这一事件恰好发生在国家要大力发展学前教育，而学前教育的发展现状远远不能满足社会需求的大背景下，就很容易引起大家的注意，从而牵出学前教育发展中的种种问题，比如财政投入不足、制度不健全、监管不到位、师资队伍素质有待进一步提高、幼儿园教师的生存现状还有待改善等。

具体到教师队伍建设上，就是顾先生说的要培养把孩子看做是自己孩子的老师，让老师们以孩子的成长为骄傲。幼儿教师面对的是天真可爱的孩子，所以幼儿教师的首要标准就是爱孩子。虽然现在幼儿教师整体还很缺乏，但在多渠道补充合格教师、完善幼儿教师培养体系时，一定要把好爱心这一关，探索将是否喜欢孩子、是否有亲和力、是否善于控制自己情绪纳入到师资考核的范围，对不符合的实行一票否决制。

同时，作为幼儿教师不仅仅要有爱孩子的心，还要有爱孩子的能力。比如孩子可能会存在哭闹、调皮、不安分等原本十分正常、符合其年龄特点的现象，如果老师不知道怎样去帮助孩子，长时间就可能产生厌烦心理，也会造成教师职业倦怠，慢慢地也就容易滋生对待孩子的不良行为。当然，要进一步提升教师的职业幸福感，还需要各地政府依法落实幼儿教师待遇，核定幼儿教师编制，切实解决好幼儿教师的工资福利、职称和社会保障等问题，保障其合法权益，提高其社会地位，让更多优秀人才进入幼教，让幼儿教师心情舒畅地工作。

罗：我想说说幼儿园男教师的问题。我们现在幼儿园里有四个男教师，两个是西南大学学前教育本科，另两个是重庆师范大学的本科毕业生，一个美术专职，一个体育专职。他们全天和孩子们在一起，很有状态，也很受孩子喜欢，非常有感觉。很多幼儿园渴望有男教师，却一直都没有男教师愿意来。前不久在重庆召开了京津沪渝四直辖市中心城区教育研讨会，在会下交流时上海黄浦区教育局的王局长就问我们有没有男教师，我说有四个，他说他们整个黄浦区就有一个，而且马上就要跳

巴蜀幼儿园引领国庆庆典的四位阳光男教师

巴蜀幼儿园的张洪老师组织体育活动

槽了，问我是怎么留住他们的。当前整个社会的传统观念认为幼儿园的教师就应该是女性，男教师在幼儿园普遍感觉地位不高，困难很大。我记得我们第一个男教师来幼儿园近半年的时候，在学期末幼儿园团拜宴即将结束时，他端着酒杯到我面前，还没有说话就放声大哭。他当时是我们园唯一一个男教师，我之前的确很少关注到他的工作学习生活状况，他自己感觉很难融进这个以女性为主的团队。他哭完了跟我说，他一直没有跟家人说自己在幼儿园工作，只跟家里人说自己在小学教体育。他觉得在幼儿园工作没面子，为此很痛苦。

我们幼儿园一个毕业于西南大学的男老师给自己有很明确的定位，他说要做当代的陈鹤琴。黄浦区研讨的时候他们老师就问我是用什么办法让他们留下来的，我说这个你可以去问问那些男老师。我们一个男老师开玩笑说，如果人家要问的话，就说因为园长妈妈要给我发女朋友。这说明对男教师生活上的帮助是很重要的。男教师来的时候我会给他们一些房补，女教师我给解决宿舍，通过一些方式真正去关注他们。我们今年可能还会再进一个男教师。重庆师范（大学）说我们明年再给你引进一个男教师，因为我们觉得你这里有一个团队，你可以帮助他们成长。这只是一个个案，很多幼儿园是没有男教师的，刚刚有的校长也提到要从小培养孩子的阳刚之气，这要从幼儿园培养起。我们幼儿园的男教师很帅很阳光，我要考核，不阳光的男教师都不要，因为他们要发挥男教师的作用。男教师进幼儿园之后找到了一个专业幼儿男教师的感觉，找到了专业成长的状态。但其实在社会上，很多幼儿园没有这么一个氛围帮助男教师在幼教领域生存和发展。所以我觉得，从教育机制上面是不是能够给男教师一个固定的体制和空间，帮助他们成长，就像日本，男幼儿教师很多，还有男园长，但是我们国家很少。

重庆市原市委副书记张轩到巴蜀幼儿园看望教师，与男教师亲切交谈

《资料链接》

一个幼儿园男教师的成长自述：做一颗坚强的种子

张洪

2008年，即将毕业的我跟所有的大学毕业生一样投入到找工作的洪流中，面对就业难的压力，我参加了巴蜀幼儿园专职体育老师的招聘。因为就我了解，巴蜀幼儿园在重庆口碑较好，而且幼儿体育事业在西南地区还是处于空白的状态。还记得我在考核和面试的过程中，教委领导和园长语重心长地对我说："幼儿园很需要你这种阳光自信的男老师，相信你能闯出自己的一片天地！"带着领导对我的期盼及社会的需要，我踌躇满志地准备在幼儿园大干一场。

然而，没那么简单，一切现实都是那么残酷。

在我踏上岗位之前，我身边的很多同学都取笑我说，你是给小孩当保姆去了吗？面对同学们的风言风语，我的心插上了第一根刺。我是一个农村娃，回到老家，家族里面的叔伯兄弟也很关切地问我工作落实情况。这个又该怎么说呢？据实交代在幼儿园上班？不可能！因为农村里面思想更保守，你一个大老爷们儿去幼儿园就是给小屁孩儿把屎把尿的，到时候人家还不戳你的脊梁骨。经过全家家庭会议紧急磋商，统一口径说自己在巴蜀小学上班。可是我一个叔叔直接冒出一句："你作为我们张家第一个本科大学生，跑去教小学，你真丢脸！"听完叔叔的话，我还在庆幸，还好自己说的是在小学哟！可是心中的那根刺又扎深了一段。

在踏上岗位之后，我又发现了更多的问题。首先是面对大家异样的眼光。曾几何时，我是我们幼儿园回头率最高的人，很多老师和家长会来瞧一瞧我这个新来的体育老师，以至于无论什么活动，我总是一个人自卑地躲在角落里。其次是环境融入的问题。我是我们幼儿园第一个从事教学的男老师，在课余时间其他女老师聊的都是衣服、饰品之类的话题，自己感觉跟她们没有共同语言，总是显得那么的格格不入。接着就是面对教育对象的不同，我们体育教育专业都是以中小学生为教育对象，我原来也是在中学实习的，可是到了幼儿园面对的是一群天真、活泼的小朋友，只能带着他们做一些简单的游戏和运动，自己很多专业理想都不能付诸实践。最后是收入的压力，作为一个男同志，孤身一人在大城市落脚生根，买房、恋爱、结婚、生孩子，什么都需要钱。种种现实困难摆在了我的面前，心中那一根刺也越插越深。终于有一次我把我的苦楚一股脑儿抛了出来，还对着幼儿园行政领导的面大哭了一场，诉说了自己的苦闷与委屈。

到底我需要的生活是什么样子的？我不断地问着自己。说实话，我有一点动摇了。可是，当我看到孩子们那渴望父爱的眼神，一群人冲过来抱着我不撒手的时候，听到孩子们用那动听的声音叫着“宝贝爸爸”的时候，想到社会、家长、幼儿园对我的殷殷期盼的时候，我的心总会被触动：原来我是这么重要！“坚强一点，受伤都不怕还在乎这点困难？”“再坚持一下，习惯就好了！”我总会这样来勉励自己。

随着时间的推移，我跟孩子们成了好朋友，当了名副其实的“孩子王”；我们园开始有更多的男教师加入了，我有了伙伴，也开始习惯了他人关注的目光。伴随我的成长，我愈来愈多地体验了成功与喜悦，感受到同事的支持、园领导的信任与鼓励，这一切让我有了更多的自信，也更加坚定。更为幸运的是，在幼儿园我找到了爱人，有了理解支持我工作的最亲密的战友。终于，我找到了自己的存在感。

渐渐地，我发现自己已经深深爱上了巴蜀幼儿园，爱上了培育花朵的幼教事业。一眨眼，来到幼儿园已经四年了，在这四年我从一个青涩的男孩变成了阳光、自信、有责任感的男人。曾经的我是那样懦弱与渺小，害怕同伴的关注，害怕风言风语和异样的目光。如今，我乐观地面对身边每一件事，阳光地带领小朋友游戏，自信地面对身边每一个人。

过去的点点滴滴我都历历在目，是坚持让我有了继续下来的勇气与力量，我就是一颗坚强的种子。我坚信，只要在教育道路上坚强地走下去，就能让自己的幸福树开花结果，让我们一起来做一颗坚强的种子，坚守在幼教的道路上！

（此文作者系重庆市巴蜀幼儿园教师）

刘：现在在一个家庭中，父亲都是在外面忙碌，孩子更多的时间是母亲和保姆进行看管。因此，我们指出在男孩的成长中父亲的角色很重要，提倡父亲尽量加入到孩子的学习生活中来，陪伴幼儿成长。像假日亲子活动、家长开放日、大型活动我们都会尽量安排父亲参与的游戏，有专门以“父爱”为主题的活动，家长助教也是提倡父亲来幼儿园和孩子一起。

另外，我们也努力招聘一定比例的男教师。我们共有男教师十来个，每个班都有一个，基本招的是体院的毕业生，带班的同时主要负责体育教学。这个相对较大的团队形成了一定的“男性”氛围，一方面可以带给孩子阳刚之气的感受，另一方面可以发挥男教师的专业优势。

这些男教师非常受孩子欢迎，他们给孩子一种更开放、更自由、更勇敢的影响和示范。男教师和幼儿之间的互动及师生关系更随意亲切。

男性一般要养家糊口，这是一个社会问题，虽然我们有了一些男教师，但是我们还不能确定他们能持续工作到什么时候。毕竟男性教师要

↑深圳实验幼儿园的男教师与孩子们一起观察动植物

养家，而现实的情况是学前教育的工资很低，全国都是这样。尤其现在的男教师基本都是合同制的聘任教师，他们的工资远远不能支撑起一个家，所以我们无法判断他们能否坚持下来。

李：男教师也是我们幼儿园比较关注和重点培养的一个团体。我们从 2001 年引进第一位男教师开始，就琢磨怎样发挥好男教师在幼儿园的作用，怎样留住男教师，然后更好地吸引优秀的男教师加入这个团队。目前我们幼儿园有 9 位男教师，最多的时候有 11 位男教师。我们的男教师自己组织了"水印工作室"，我们幼儿园为他们提供尽可能多的平台与帮助。有了平台，有了团体，他们也更容易找到身份认同。有的幼儿园看到男教师在我们幼儿园不仅工作有劲头，也得到了家长的认可，便想借男教师到他们园去，希望用他们去吸引一些男教师。

顾：我看有的民办幼儿园有很多男教师。我当教育系主任的时候，头一届就招男生来学前教育。后来他们也进幼儿园了。以后如果你要搞民办幼儿园，要找一个男的园长，这样就能吸引男教师去了。江苏招的时候，有好几个人报名啊。

刘：江苏招的是正式教师，有编制的。可是在深圳，早就停止幼儿园老师进编了。

罗：我们有两个专职男教师，一个教体育，一个教美术。另两个学前专业的男教师就是完全跟班的了，他们都是有正式编制的。

郭：男老师到幼儿园就真的能够提高幼儿园孩子的阳刚之气吗？

罗：这个倒没有做过专门的研究，但我能感受到的是，男教师在幼儿园是对这个完全女性化团队的调节和补充。这些男教师不同的思维方式和行为方式为团队带来了活力和激情，我们会保护好他们这些不同于女教师的珍贵的特质。不过我想说的是，他们在幼儿园真的很受孩子、家长和教师的欢迎，已经成为巴蜀幼儿园一道亮丽的风景线。

刘：我们的早操、“三浴”锻炼、体能游戏都是以男教师为主的，孩子们玩起来比较 high。孩子平时情绪有异常时，男教师开导、谈话的角度和女教师也不同，对孩子的心理建设有很大的帮助。

郭：我们原来有“小喇叭”这样的播音，就是非常柔软、细声细气的，你们幼儿园的男教师讲话是不是也这样？

罗：男教师在幼儿园绝对没有故意柔声细语，他们都是本色自然的男性状态，孩子们不会不习惯，也不会听不明白。而事实上，因为男教师独特的视角，当他们真正走进孩子的世界以后，会有更多不一样的发现和思考，带给我们更多启示。这次我送给顾先生的书里面就有我们一个男老师写的案例，他从心理学的角度来认识、分析孩子日常看似不经意的言行，通过家园配合给了孩子很好的心理调适和疏导，家长非常满意，认为教师很专业。

林：关键是要保护男性教师本身具有的这种特质。如果只有一个男教师在幼儿园就很容易慢慢女性化。

李：归属感的确是能否留住更多男教师的重要原因。但长期以来，传统观念总认为看护孩子是女性的天职，是花拳绣腿的工作，社会分工也将男教师排除在幼儿园工作之外，幼儿园教师经常被看做没有太大前途。这种传统观念、角色定位、社会分工和社会期待与幼儿园男教师的现状有着密切关系。我觉得让更多的人认识到学前教育的专业性和重要性，认识到男教师在幼儿教育中的价值，用事实改变传统的固化观念，是非常重要的。

郭：你可以好好写写男教师在幼儿园的工作状态，因为很多人觉得男教师到了幼儿园之后就和那些女教师一样了。大家可能很想知道：男教师到了幼儿园之后真的能带动男孩子的阳刚之气吗？原来说幼儿园全是女老师，让孩子少了很多男人气，男老师去了之后是不是就真

↑巴蜀幼儿园的男教师和孩子们一起表演舞蹈《牛仔很忙》

→巴蜀幼儿园的专职美术教师教孩子绘画

热烈讨论

的有变化？男老师是不是适合幼儿园？会不会因为粗心等不适合幼儿园的工作？

罗：其实，男教师进入幼儿园的意义，还不仅仅是对孩子男子气的影响，我感觉男教师进入幼儿园是为整个团队注入了活力和生气，犹如鱼缸里的沙丁鱼。有男教师的班级，活动更有新意和创造性，在课程实施中时常会让大家眼前一亮，其独出心裁的思考体现了男教师敢于尝试、大胆实践的品质。

《资|料|链|接》

对话幼儿园男教师

罗虹

就幼儿园男教师的生存发展状况以及男教师自身的职业认同问题，我采访了西南大学学前教育本科毕业，在本园工作近四年，已经独立承担班级管理工作的张弢老师。

访：你为什么选择幼儿园教师这个职业？到现在为止是否真正定下心来做幼儿园教师？

答：我选择幼儿园教师这个职业首先是出于自己对学前教育的喜欢和热爱。其次，因为在大学接受了学前教育的专业学习，我也有意亲历实践，了解现实中的幼儿园教育。再次，随着社会的进步和大众对学前教育的深入认识，学前教育必将为大众所重视。因此，我坚持认为，幼儿园教师同样能够很好地实现自己的社会价值，实践自己的教育信念。我一直有一个教育理想，就是能够推动一个区域内学前教育事业的发展，成为一个践行自己教育理想的教育家。虽然这个理想和我目前所处的现实有很大差距，但是我把这个理想作为自己实践学前教育的一个目标，一个方向，这给我的生活和工作带来了很多正能量。因此，为了实现自己的人生理想，或者说和自己的人生理想走得更近一点，我就必须扎根在幼儿园一线，了解现状，了解最基础的学前教育，在广袤的基层教育的土壤上寻找适合自己理想生根发芽的环境！

访：很多人都认为男教师进入幼儿园很容易被女教师同化，失去男性的阳刚之气，逐渐趋于女性化，你怎么看待这个问题？

答：目前，男教师进入幼儿园已经成为一种趋势，这也是社会进步的一种表现。至于男教师会不会被同化、趋于女性化这个问题，我个人觉得有几个影响因素。

第一就是男教师自身对学前教育事业的信念。如果一个男教师进入幼儿园只是被逼无奈的选择，或者只是在幼儿园混时间，那么他就不可能有工作的动力。因此，对学前教育事业的坚定信念，会让男教师主动地学习，并且养成独立思考的习惯，形成异于他人而又有价值的教育思想，成为积极主动的学习者，成为一个独立又独特的个体。这样，他就不会被女教师所同化，相反还能影响女教师的教育理念和教育理想，形成“思想交换”，达到“双赢”。

第二就是幼儿园对男教师的引领与评价。既然男教师与女教师有很多地方都存在差异，那么幼儿园对男教师和女教师的评价标准也应该有所不同，不能搞“一刀切”。这是避免男教师女性化的有效方式。幼儿园的管理团队也要为男教师的发展提供相应的平台，让男教师能够走出去和更多的幼儿园男教师交流碰撞，激发他们的工作热情和职业成功！

第三就是社会对男教师的态度。从某种角度而言，社会对幼儿园男教师的包容程度是决定男性是否能进入学前教育领域，成为一名专业的幼儿教师的重要因素。其实，一个班级就像一个家庭一样，有男教师有女教师对孩子的发展而言，就如同有了爸爸妈妈一样。因此，男教师进入幼儿园工作是大势所趋。而政府应该提高幼儿园教师的工资待遇，让男教师工作安心，同时，加大对幼儿园、早教机构等的投入。社会也应更加重视学前教育，提供更多的教育机构，让更多的男教师有选择。各级各类高校也可以加大学前教育专业男生的招生比例，让男教师这个队伍越来越壮大。只有越来越多的男教师参与到幼儿园的工作中来，才能形成一个群体，才能发出群体的声音。从某种意义上，只有靠群体的力量，才能从根本上解决社会对“男教师进入幼儿园会出现女性化倾向”的顾虑。

郭：按理来说，幼儿园是需要男老师的，从男女性别平衡、思维方式等角度看都应该有。但是我们现在小学的男老师都挺少的。

曹：男老师在中学都是受欢迎的。我们有学生对我说：“校长，我们班都是女老师，有没有男老师给我们配一个啊。”

苏：我参加过一个幼儿园的家长开放日活动。男、女教师分别在上户外课，就是教师帮着幼儿过平放的梯子，这个梯子与地面保持一定距离。很有意思，男、女教师与幼儿的互动方式完全不一样。女教师生怕幼儿掉下来，不仅扶着，而且是面对面的环抱姿势，随时准备接抱幼儿；男教师则与幼儿并行，也就是侧对着幼儿，把手背给幼儿偶尔支撑。这符合母性保护、父性切断的原理[①]。男教师的存在给幼儿更多挑

① 日本著名的临床心理学家河合隼雄教授将家庭中父亲的角色作用命名为“父性原理”，将母亲的角色作用命名为“母性原理”，认为家庭中必须明确父性和母性各自分担的性别角色。所谓“父性原理”是指无论多么可爱的孩子，如果做了违背社会准则或家规的事，当父亲的会毫不留情地训斥孩子，或采取一些强制手段对待孩子。而“母性原理”则恰恰相反，无论自己的孩子怎样，即使无恶不作，当母亲的都会疼爱、包庇或袒护孩子。由此看来，“父性原理”在孩子的成长过程中就好像是“切断的机能”，而“母性原理”好像是“包容的机能”。“父性原理”和“母性原理”如果不协调，往往会给孩子的心理健康带来不良的影响，这也正是单亲家庭的子女容易出现问题的一个重要原因。参见人教网 http://www.pep.com.cn/xgjy/xlyj/xlshuku/hs/yyxl/shuku5/201008/t20100827_814345.htm。

战自我、自立自强的机会，不仅对幼儿有意义，对女教师更有意义。所以，男性介入幼教是个必然的趋势。在没有足够的男教师的前提下，幼儿园主动的弥补策略就显得更重要，比如培养女教师放手的心态、延迟给予帮助等。

俞：我们当时班上 23 个男生，现在还留在小学的就剩下我一个了，其他人最不济都是在中学里。我们学校基本上都是女的，办公室里 13 个女的，就我一个男的。一开始她们觉得我是男的，换衣服的时候都让我出去一下，后来她们也觉得我就是她们其中一员了。所以男老师在小学也是很尴尬的。

郭：所以男老师在小学也是弱势群体，但你是校长了啊。

俞：男校长带女教师更难啊。我下午六点半找一个女老师谈话，结果第二天她哥哥就来找我了，说会出现不良影响和问题。

曹：所以说教师队伍中一个教研组里有一定比例的男同志，领导起来会容易些，很多问题会平衡些。

结　语

曾经，人们颂扬“教师是人类灵魂的工程师”，教师自豪于“教师是太阳底下最光辉的职业”，以“春蚕”、“蜡烛”的形象呈现自己的无私奉献。现在，教师这个职业依然是最光辉的职业，也依然要有奉献的精神，但是，教师流失、有偿家教、“虐童事件”等现象的出现，不能不使人们认识到，单凭热爱与奉献不足以保证整个教育事业所需的高质量的教师队伍，必须通过强有力的制度提高教师待遇、提升教师社会地位，通过有效的制度来吸引最优秀的人才进入到教师行业，并促进他们专业素质的持续提升。当然，制度保障并不能自然实现教师素质的提高，教师个人的自觉修养依然是必需的。

肆

“戴着镣铐跳舞”的学校教育

学校是弱势群体吗？

要不要立法保护学校？

为了学生安全，学校要少搞实践活动吗？

性教育什么时候进行合适？

择校现象为什么屡禁不止？

评价改革难以推进是因为缺乏诚信体系吗？

《教育规划纲要》指出：“我国教育还不完全适应国家经济社会发展和人民群众接受良好教育的要求。”教育发展与人民群众对教育的要求存在着一定的差距。这种差距，在中小学阶段突出的表现便是“择校”的普遍化。由择校而来的一系列现象更是困扰着学校，例如教育公平、教育评价改革等。对话从高考改革的困境与缺乏诚信体系的关系谈起，涉及学校教育的方方面面，如校园安全、实践活动难以开展、家校如何沟通等问题，对话中有感慨、有抱怨，也有“戴着镣铐跳舞”的努力……

1. 评价改革难以推进是因为缺乏诚信体系吗?

郝：我看了芬兰教育的几本书，感受最深的是诚信体系的问题。有一个例子就是公务员考试，前面是卷子，后面是答案，每个人自己给自己的答卷评分，过了就过了，没过下次再考。这让我非常惊叹。看我们的各种评估，真是各种造假，下级骗上级。山东有一个评估，当时评估团来了就说“我们是来调研的不是来评估的”，这样说了老师们才敢说出一些真话。这和社会的诚信体系有很大关系。

顾：是，我国有很多改革进行不下去就是因为诚信问题，比如高考改革，不是没有办法，而是在我国没办法推行。我总和媒体说，你们不要什么都怀疑，你一怀疑人家就什么都不敢改革，什么都推行不下去了。很多改革政策一出台就遇到思维定式，被“有罪判断”，那谁还敢继续搞改革呢?

邱：可能这里面有一个对教育规律认识不够的问题。北大自主招生第一年，许多媒体认为它是“掐尖”，用意不良。其实，这有个客观因素，那就是评价与课程的时间差。北大要提前招生，面向的是当年的高中毕业生。而在三年前，高中尚不知有这样一个自主招生的升学通道。所以，一些高中，似乎只能用考试成绩高低来“应急”。所以，“自主招生”一开始就遭到各种怀疑也是意料之中的。

顾：对，政策一出来就遭怀疑。规则的制定都是慢慢地越来越完善、越来越规范的，我相信很多校长还是有诚信的。

邱：就是要通过教育体系内部的阳光操作，逐渐建立起一个诚信体系。这样，从诚信体系中走出来的学生，就有可能影响和推动社会形成诚信体系。从这个角度来说，这是教育的一份担当。所以，北大自主招生的政策一出台，许多人就加以讨伐，这种心态不利于建立诚信体系。我想问的是，从国家层面，如教育部高层，是否有一个时间节点来主导高考的改革？

顾：国家教育咨询委员会有一个小组是专门研究高考改革的，去年这个小组走访了很多省，开了很多座谈会，制定了一个方案。现在成立了国家教育考试指导委员会，我也是委员。但是这个问题太敏感，我想现在需要渐进地改，从各地开始改。我早就提议，高职学校不用考试，只注册就可以，这就解放了一部分学生。现在江苏、北京等地都不考了。我认为高考只考两门：语文、数学，而外语只考等级考试，对分数不要那么斤斤计较，这样比较合乎教育规律。在两门考试的基础上增加自主考试，想要考哪个专业就主要考相关知识。另外对内容方面，不要强调死记硬背。

陈：现在主要是异地高考的问题。

顾：其实这个问题不大，主要是北京、上海、广州等大城市的问题。政策要求如果要在当地考试必须在当地居住一定时间，就像在国外要有绿卡一样，不能说才来到当地就可以参加当地的考试。

潘：这就是摸着石头过河了，国家就是慢慢地在发现问题、解决问题的过程中。

郭：前一段时间已经因为京籍考生和异地考生的问题出现骚乱了，双方家长都对抗了起来。这已经是影响社会稳定的问题了。

顾：所以现在我们最应该做的就是从自己身边、从各个学校做起。

潘望洁

《资|料|链|接》

吵得很激烈，但谈的不是一回事儿

苏嘉鹏 等

2012年10月18日中午。这群二三十岁的北京青年，和一群他们口中的“王德彪”在北京市教育委员会信访办公室外对峙。这个不足20平方米的办公室位于中国地质大学南门对面一个白色的临时彩钢板房内。房子的一半作为奥运大厦北门传达室，另一半则属于教委信访办。

每周四上午9点到11点，信访办开门迎客。9月20日以来，每周四，都会有一群外地户籍的家长为子女在北京的就学、升学问题前来反映情况。他们的子女，外地籍贯的学生还无法在北京报名参加高考。而他们近期频繁到访的原因则是国务院近期下发的《关于做好进城务工人员随迁子女接受义务教育后在当地参加升学考试工作意见》，要求各地在年底尽快出台放开随迁子女高考的具体政策方案。

2012年10月18日，信访办迎来了一批新客人——北京籍年轻人。作为放开随迁子女在北京高考的坚决反对者，他们和外籍家长的言语交锋很快从观点发展到了集体对峙。

2012 年 10 月 18 日上午 9 点 45 分左右，前来信访的人群集中在信访办门前的停车处，将一个身穿紫色上衣的中年男子挤到垂直停着两台车的夹角。这名男子是从 2010 年就开始对呼吁放开异地高考的非京籍家长进行跟踪拍摄的摄像师陈勇。北京籍群体则以被侵犯隐私权为由，要求陈勇删去拍摄的画面，而外地家长则没有同意。双方二三十人开始发生争执。

不到五分钟，陈勇已经被愤怒的人群挤到了两台车的夹缝中退无可退，外地家长们开始报警。

10 点左右，赶来的警察以信访办旁边一条小巷的延伸段为虚拟界限，把冲突双方隔在两边。一边是三十来位非京籍家长，几乎清一色的 40 岁以上的企业白领；另一边则是大约 30 个北京人，以二三十岁的年轻人为主。来自内蒙古的家长杜国旺开玩笑说，两边刚好是“非京籍家长”和“京籍非家长”。

虽然这次冲突并不是一次愉快的经历，但杜国旺觉得这些北京人算是办了一件“好事”，让外籍家长长期奔走求告的随迁子女就地升学问题再次成为舆论关注的热点。一段全程记录上述冲突的 8 分钟视频当天被上传到凤凰网，不到一周的时间里受到超过 36 万次浏览和 1 万条评论。

（摘自南方周末网 http://www.infzm.com/content/82250）

2. 学生安全与学校责任

林：顾先生，最近有个报道让我耿耿于怀：很多大学取消中长跑，改为很多花样项目。我认为这个信号并不是很好。中长跑 1500 米都取消了，而且很多中学也相继取消了中长跑，这样一来很可能导致国民体质的下降。我担心过去是贫困条件下的“东亚病夫”，以后是不是就变成了富裕条件下的“东亚病夫”了。

《资料链接》

深圳高校运动会取消长跑

王丹丹 等

武汉、西安、南京等多所高校运动会中取消了女子3000米和男子5000米项目，引发社会关注。而原因是现在学生体质下降越来越明显，校方害怕发生猝死现象。多所学校体育老师分析，取消原因跟现在学生身体素质持续下降有关，长跑拼的是耐力，而现在的学生锻炼少体质差，取消是为了避免学生“受伤”。记者注意到，采访中，不少老师称“学校是弱势群体”。市学体联表示：取消出于安全考虑。南都记者从深圳大学了解到，今年校运动会虽然还没有举办，但是已经确定取消5000米长跑项目，保留男子3000米。日常体育课上早在几年前就取消了长跑项目。无独有偶，深圳职业技术学院也未开展田径项目，取而代之的是排球、篮球、瑜伽、舞蹈等项目。但是校运动会中并没有取消女子3000米和男子5000米项目，只不过参赛学生基本上是学校运动队的，很难看到普通学生的身影。

（摘自南方新闻网 http://epaper.oeeee.com/A/html/2012-11/15/content_1753738.htm，有删改）

郭：这是由于有一个研究表明1500米中长跑很容易造成各种疾病，而且不光是国内有报道说有学生在跑步中猝死，国外也有学生在跑中长跑的时候猝死的。

顾：我年轻的时候跑中长跑就没有问题啊。现在很多地方机关部门都是担心出事，多一事不如少一事。

林：这就是一个责任意识。大学可以前期工作做得好一些，比如新生入学做一个体检，如果有生理问题的建议不要参加中长跑。如果是在全校范围取消，包括中小学都跟着相继取消，就扩大范围了。大家都知道，当下大中小学生的体质是不容乐观的。虽然青少年身高、体重都有明显增长，但速度、耐力、柔韧性、爆发力等体能素质却有明显下降，近视率、肥胖率居高不下。我认为，锻炼时间减少直接导致学生体质下降。一方面是家长普遍存在“重文轻体”的观念，只有孩子学习成绩不好，才让他们练体育；另一方面，学校也怕孩子出事担责任，所以减少学生的户外活动，甚至取消中长跑之类的项目。

顾：我觉得这里面有一个炒作问题。网络有好的一面，也有不好的一面。出现问题的只是少数人，但是经过网络和舆论一炒作就变成严重的事情了。

邱：我认为应该就这些现象做一些专门研究，而不是根据网络的一些言论做出一些规定。要迅捷，但不能草率。

俞：学校一出事，政府就要为学校担责任、出面保护学校，如果政府不保护，学校就要赔钱。很多小学不敢办春游就是这个道理。

郭：对，现在搞得草木皆兵，我们小时候学工学农都没有什么问题，现在连秋游春游都不敢搞了。

俞正强

潘：有时候越怕事就越有事，比如幼儿园不敢让孩子去碰剪刀、小刀这样危险的东西，就怕出事，但是越不碰就越不能掌握方法，越会出事。

顾：过去在苏联的幼儿园剪刀是要那种平头的，在美国我们去参观幼儿园的时候，看到剪刀就是剪刀，刀就是刀，也没有什么滑梯，就是一个大铁架子，小孩就在那里爬。我问老师：出事了怎么办？老师说“我们都看着呢”。我问剪刀都是尖的，扎到怎么办？老师说家长送孩子到幼儿园就是来锻炼的。我参观了美国很多幼儿园都是这样的。我曾经接待一个华裔老太太，搞幼儿教育的，在讲座的时候说：“我们美国家长送孩子上幼儿园是为了让他们养成和同伴的关系，过集体生活，你们是社会主义国家，怎么只知道让幼儿园的孩子读书，不讲集体主义？”我们的很多教育都违背了教育规律，对孩子的保护过了，锻炼少了。

刘：前段时间流传这样一句话：幼教“走偏”，谁剥夺了孩子的童年？口算、英语、国学、各种才艺，小学化、成人化的幼教更像家长为孩子们铺垫的战场，让孩子的童年过早消逝，也剥夺了他们自由发展的权利。我们都知道，“童年不是未来生活的准备期，而是一段独特的、不可再现的生活”，我们应该把童年还给孩子！其实，真正的童年，就应该让他们去玩泥、玩剪刀，去做传统的集体游戏，去跑去跳。

郭：杜威就说，孩子在幼儿园的时候是过集体生活的，是要学会相互依赖的。现在的孩子交际能力很差，相互依赖感很差。

刘：其实家长也很迷茫，他们也不知道自己想要孩子接受什么样的教育。学前教育更是需要家长的配合。所以，可能政府也应该有义务向家长传输某些观念。

邱：我们在国外考察中明显感到，中西方学生在自我独立性方面的差距是显而易见的。

■ 深圳实验幼儿园孩子们丰富的游戏活动

郭：我们现在每个家庭只有一个小孩，如果出事家长就很紧张，这是我们能理解的。学校怕家长告，就不搞这些活动。包括高中，社会实践活动都取消了，学生就只有乖乖读书了，连在走廊里面打闹都不敢。

娜：对孩子过度保护造成了什么后果呢？小孩自己都不知道冷暖。天很热，孩子穿着很多衣服淌汗，自己都不知道脱衣服，老师让脱一件衣服，孩子把胳膊一撑等着老师帮脱下来。

林：家长喜欢上纲上线，把学校的责任无限扩大，学校就只能尽量避免出问题。

郭：男孩没有阳刚之气，都像小绵羊似的。现在学校都很想减轻责任，孩子在学校里一出事，家长就让学校赔钱。

曹：我认为对于地理课来说，如果不带孩子外出考察，不去实地看看，就不叫地理课。但是现在地理老师都说，这个是不可能的，不仅是老师不敢，家长不放心，校长也不允许。

林：有一年张家港中学春游期间大车翻了，这个事情经过舆论报道，各地教育局就不允许再带着孩子外出了。

郭：按照这个思路很多课程计划里的活动都没有办法完成。课程计划里面有一项就是社会实践，照目前这种情形根本无法完成。综合实践课都在室内上了。

林：我们这代人小时候，很小的孩子都是自己骑自行车上学，要不就是大孩子带着小孩子。现在你看学校门口都是来接送孩子的家长，反差很大。

郭：那个时候我们都没有家长接送，都是自己走的。从社会上开始有学校伤害案之后，学校要求老师把孩子交到家长手上。所以，社会安全问题也是问题之一。

林：我们学校处理过这样一件事，一个美国籍的小孩子在学校把门牙摔掉了，家长见到孩子之后第一句话是问“学校里面有没有人推你”，小孩说“没有，我自己摔的”，然后家长问“你摔掉牙后老师怎么处理的”，小孩说“老师把我送到医院了”。好，家长就再也没有找学校的问题了。因为学校的设施设备没有问题，孩子又是自己摔的，学校该做的事情已经做到位了，尽责了。反之，如果换成是国内的家长，大多数情况下一定会找到学校，说课间管理不到位啊地面不够光洁啊，哪个小朋友吓着他啦，等等理由吧，反正学校是需要赔钱补偿的，甚至还要求学校负责孩子将来找对象的问题。

顾：现在很多人没有法律意识，如果真的需要就去告，其实很多事情的责任并没有落实到真正的责任人身上。

3. 要不要立法保护学校？

郭：中国的观念是“不怕一万，就怕万一”。学校最担心的就是如果出了事怎么办，就怕那个“万一”。

陈：有时候不是万一的事。这次广州马拉松，猝死一人。虽然已经签了免责，主办方也是该做的都及时做了，但家长还是告，状告的理由是怀疑是否针对病症进行抢救。

资料链接

广州马拉松赛21岁大学生猝死　家属：身体良好没有病史

徐明

2012年11月18日上午9时许，参加首届广州国际马拉松赛的大学生陈杰在冲过终点线后突然晕倒，经过现场20分钟抢救，陈杰仍处于休克状态，呼吸和心跳均停止，当即被送往广东省中医院二沙岛分院急救。在抢救过程中，陈杰一度恢复心跳，能自主呼吸和简单交流，但最终由于多个器官缺血严重引发并发症，于19日上午不治身亡。

（摘自人民网 http://sports.people.com.cn/n/2012/1120/c22155-19637512.html）

俞：我讲一个奇事啊，在我们学校发生的。一个校长好心，让家长和学生做一个亲子活动——三只脚跑步。一个家长想和孩子在边上练习练习，练习中父子两人摔倒了，家长腿断了。家长就告到学校，然后告到教育局，教育局让他去法院告，结果法院判决下来是学校没有责任，但是要赔付9万元，叫做“无责任赔偿”。这件事之后，这个校长以后再也不提搞活动了。

林：这个真的很影响孩子的体质和生存能力，以及社会活动能力。

顾：日本有一个特别活动，从小学三年级开始到初中为止，每个礼拜两节课，组织小孩子去春游，五年级的孩子会在外面住上几天，他们必须自己带着装备参加活动，自己料理自己的事。

林：我1997年冬天去日本的时候，见到日本小学生穿着短裤在外面跑。

顾：日本小学生一律是短裤，即使在冬天也是短裤、短裙、衬衫。他们的体质就是这样被锻炼出来的。

林：校长在这方面还是需要担点责任的。我们学校坚持给孩子办野营活动，从来没有停止过。我们做好万全准备，即使万全之外出了点事，学校自己赔钱也要坚持。

刘：我们幼儿园也有“三浴”锻炼，秋、冬天孩子一来到幼儿园先脱了外套，进行体育锻炼，天气晴好时还常常光着上身进行日光浴，家长也还蛮支持配合的，效果不错。我们进行主题活动时，也会出去进行

深圳实验幼儿园的孩子们赤膊进行体育训练

曹彦彦校长带学生在长白山天池

社会实践，实地参观访问。当然，我们前期的准备工作、安全教育都会跟上，尽量做细致一点。

顾：关键就是把准备工作做好。

曹：我带着学生去爬长白山，路边爬山的游客都说："你胆儿可真大啊，敢带着孩子来爬长白山？"我打算假期带着孩子们到中科院的西双版纳植物园去看看，学校老师都说我胆子真大，被他们说得我都害怕了。

谭：前些天我们学校的老师带着一百多名学生去了一次井冈山，意在瞻仰革命胜迹，感悟革命精神。考虑到这次社会实践课程意义的重大，我们考虑再三，经过周密安排，还是如期进行。孩子们回来之后表示，他们的感觉、经历、想法、情感都受到了很好的影响。让学生们到自然中去学习，到社会中去实践，一定会增加很多不确定性，特别是安全方面，但它可以实现在校园内实现不了的教育意义，这就是有价值的。如果怕不安全就因噎废食，这并不可取。

苏：我觉得我们应该讨论"万一"，讨论认真履职仍然出了问题怎么办。天灾人祸这种事情一般来说学校应该是没有责任的，孩子都有保险，但这个还不够。比如前一段时间，有个学校参加区上的秋季运动会，代表学校参赛的选手身体素质好，跑得快，也愿意参加这样的活动。结果，比赛那天，这个孩子跑着跑着突然腿就出事了，没有任何冲撞。这个孩子是有保险的，但是保险都是有限责任，是有条件的，有些钱还是要由个人负担，比如急诊、护工、餐费等。学生是代表学校参赛，事先也早早到校训练，家长也很通情达理，但医疗费区上出也不是，家长出也不是，到头来还是学校要负责到底。这只是小伤，如果真的是生命危险，怎么办？我们需要一个明确的制度，清晰地界定各方的责任。

顾：我们早就提议要有一个学校法，立法保护学校及其相关人员的利益。

苏：如果小孩子在很小的时候不是受到过度保护，那现在肯定不会那么脆弱。

林：现在的孩子缺少运动。如果做什么都怕孩子出问题，那以后这个国家的根基就很麻烦了。你看国外还有那么多孩子冬泳锻炼。

俞：我们学校带着孩子做游泳培训。八年前有很多学校做这样的培训，可是都停止了，我们学校一直坚持，直到去年我也受不了了，也停了下来。有些事情只靠着人的信念是很难坚持到底的，需要有个制度来保护才能持续。孩子都会有那种小孩子之间的打架，这不是什么大问题呀。

郭：有时候小孩子的打架是一种互动，你一下我一下，但是不会真伤人。这种游戏式的打架，比平时不打架、一打架就打出事的情况好多了。

4. 要做好家校沟通

娜：现在我们国家已经进入“独二代”时代，家长学历高，知识水平高，对孩子教育的重视是前所未有的。但是一些家长眼高手低，责任意识和公众意识都有待提高。正是这些家长，常常是孩子问题多，自己的事更多，甚至有的还与学校发生冲突。我们做校长的越来越感到，学校不仅要重视对学生的教育，更应重视对家长的教育，一定要创设丰富多彩的活动，让家长在参与活动的过程中了解学校、理解学校。这样，家校才能形成合力，校长才能静下心来办教育，潜下心来抓工作。学校宽松的育人环境，需要社会的理解、家长的支持，更需要我们校长去创造。

请跟我来——安阳市人民大道小学新学期校级家委会

马丽娜校长与“小老虎”中队的孩子们在一起

发表观点

顾：关键是做好学校和家长的沟通工作。郑州有一个学校做得比较好，它对社会全方位开放，家长可以随时来听课，可以参加校长办公会等，什么都可以，当然每天有一定的名额，要申请。学校把家长当成客人，家长到了传达室有一个存包的柜子，每人发一件很漂亮的“贵宾服”（一个坎肩），穿上这个“贵宾服”就什么地方都可以参观，出来以后再回收。这既解决了社会人员进校园的安全问题，又让来访者感到很受尊重。这就是学校和家长的一种沟通。

郭：所以要有途径让家长去了解学校，了解了也就能理解了。

深圳实验幼儿园的家长和孩子们一起表演节目，共同完成手工制作

刘：是的，我们幼儿园就有家长义工、家长助教等活动，让家长自愿选择时间来陪伴幼儿生活、学习，同时也增进对幼儿园教师工作的了解。和小学、中学不同，幼儿园更加强调家园共育，家长工作是非常重要的一项工作，所以我们家长工作的形式还是非常丰富的。我们的孩子小啊，家长各种不放心、不信任，我们要做的就是“用敬业感动家长、用专业引领家长”，让他们看到我们的敬业、专业，他们就放心、就信任我们了，然后就会大力支持我们的工作。当然，有意外发生时，沟通是非常重要的，要用诚恳的态度去解决问题，这时平时建立的感情就起很大的作用了。

顾：我认为什么事情只要敞开，只要开放，就不怕。当然也不排除有一些家长的确不讲理，很难沟通。这时，还可以让家长与家长沟通，让讲理的家长和不讲理的家长互动沟通，让他们相互影响。

5. 择校、公平与学校发展

郭：家长对孩子的照顾，还表现在为孩子选择一所好学校。现在的择校热是越来越厉害了。

顾：我上次去一所学校，校长说现在根本不想要择校生，但是条子生很多，没办法，择校的钱也都交给上面了。

娜：就国家层面来讲是不允许收择校费的。

陈：这不是国家层面的事，这是地方政府出台的政策，地方规定你可以收多少择校生，每个择校生收多少钱。

俞：各地还是不一样的，有的地方真的是施行零择校。

陈：国家要求零择校，地方就会慢慢来施行。这样，才有望在几年之内实现。

苏：我在一经济发达城市的学校参观学习时，见到有的学校对学区片的学生是无条件接收的，外来的孩子不管是怎么进来的，一定要收费，但收费规范，通过物价局的审核，价格贴在一楼正厅的公示榜上。我的观点是，如果不能控制择校，那么一定要规范收费制度和收费环节，确保择校费用于教育的均衡发展。

邱：取消择校，家长是不是接受？别的学校好，片区内的学校不好，我凭什么不择校？

苏：如果家长要择校，不让他择吗？

林：现在的档案是电子档案，择不了的。

陈：档案电子化之后，可以通过借读来择校。

郭：对啊，不转学籍，人可以过来。

邱：政策上是零择校，但实际上做不到。

郭：不是有揭露人大附中收天价择校费的事吗？校长回答“我们没有择校”，人家就反驳说“没有择校费，但是你们有社会捐助之类的”[①]。

顾：现在还有一种共建费。一个单位和学校合作，叫做共建，交一些共建费。

邱：公办学校的责任是在解决机会公平的基础上整体提升质量，而民办学校应该在解决效率问题、个性化选择需要方面发挥独特作用。

顾：我们学者也是这样说的，要择校就找民办学校，但是民办学校没有名气啊。

---

① 人大附中某毕业生在题为《人大附中内幕》的博文中反映学校生源组成复杂、收受家长赞助费等问题。著名教育学者杨东平评论道：此文作为过来人的现身说法，是相当翔实深入的。博文作者的自省和批判精神，说明仍然有一些学生能够超越既得利益者的狭隘心态，保存了这种可贵的思维品质，这就是希望所在，包括那位已经出国的钟道然。这是我们共同的愿望：“以批评体制的最大受益者人大附中为起点，希望进而推动体制的变革。”参见新浪博客 http://blog.sina.com.cn/yangdongping。

邱：这就需要扶植，让学校差异化发展。需要择校的就往那边去，不需要的就大力解决均衡问题。

林：即使民办学校办好了，也没法解决利益集团自身的利益问题。作为一个利益集团，都希望自己区域内的公办学校办得最好。我们国家公务员是利益既得者。就像幼儿园，最近爆出8所机关幼儿园一年花费近7000万。这是政府机关幼儿园，市领导的子女都在里面读书，它的钱是用不完的。中小学也是这样。为什么公办学校投资无原则？一方面是为了政绩工程；另一方面，往里投钱很多的学校一般都是利益集团的孩子会去读书的地方。在办校的源头上已经出现不均衡了，所以老百姓还是要择校。

资|料|链|接

机关幼儿园年花费近7千万引质疑

近日，《广东省2011年省级部门预算草案》出现在广东省十一届人大四次会议上，其中对广东省8所机关幼儿园一年花费超过6863万元，比去年有所增加的内容，引起普遍质疑。

这8所幼儿园分别是省委机关幼儿园、省育才幼儿园一院、省育才幼儿园二院、省公安厅幼儿园、省文化厅幼儿园、省科学院幼儿园、省科技厅幼儿园、省卫生厅幼儿园。这些幼儿园的预算基本支出比2010年均有上涨。其中数额最高的省育才幼儿园一院去年是2169.28万元，今年则达2404.03万元。据称，数额增加主要是考虑了物价上涨的因素。

实际上，财政补贴机关幼儿园由来已久。早在2004年的广东“两会”上，就有代表质疑财政拿巨款补贴机关幼儿园的问题。据《广州日报》报道，当年的广东省十届人大二次会议上，广州团的几位代表纷纷表示，政府公共财政用于补贴这一块有失公平，“不应只是公务员的儿子才能享受”。

（摘自新浪网 http://baby.sina.com.cn/news/2011-01-24/085145974.shtml）

顾：现在北京这个择校问题是解决不了的，一个原因是条子生很多。王善迈[①]教授当着温家宝的面都讲，共建其实就是腐败的一种。几百万的项目共建，之后这个单位的孩子就能到这个学校去上学了。

邱：事实上是择校，但是不叫择校。

郭：有些地方通过教师轮岗来解决择校问题实现学校的均衡发展。但是轮岗也存在问题，一个老师离开了这个学校、这个生态环境，到了其他学校不一定教得好。

娜：还有家庭的问题，教师轮岗他的家庭就会面临很多问题，比如稳定问题。

顾：北京是这样规定的，流动在 15% 以内是可以的，流动太多会影响原来的学校，带来很多问题。

邱：这个数字两年三年是可以的，但这是一个阶段性的数字，可能到了一定时候又有问题了，还可能会带来家属的问题。我们区（无锡市滨湖区）里是根据 15% 的要求实行的，但是后来确实也出现了许多现实问题。

苏：一定要让那些轮换的老师三年一换，保留他在原学校的身份，三年后给老师选择的权利，让老师有归属感、荣誉感。我们在建设学校的时候都说“学校 · 家园”，老师在一所学校工作十几年，甚至一辈子，是非常有感情的，不要在轮岗的时候割裂这份感情。如果是一个校长带着一批老师走到另一所学校可能还可以，因为这样能创设一种氛围，移植一种先进的文化，但如果只是一两个老师轮岗，他们在新学校的作用还是有限的。

① 王善迈，北京师范大学经济系教授、博士生导师，北京师范大学首都教育经济研究院执行院长，我国著名的教育经济学家，我国教育经济学奠基人之一。

邱：现在没有一个办法可以解决所有问题，只能是一点点解决。还有一个制度是“点招”，可以说是冠冕堂皇地存在着。学校可以录取100个，但正常途径只录取97个，剩下3个就进行“点招”。给足够的钱，学校就能收取那些差几分的人。这钱的多少处于半公开半秘密状态，一般是以几十万计的。

顾：“点招”这个东西我就觉得不合理。

陈：现在越是低年段招生越难，高考就相对要好点，幼儿园最难。

6. 性教育什么时候进行合适？

俞：青春期的性教育也是个问题。我们学校有一位老师曾经拿着一本书来给我看。这是一本类似于回答“孩子是怎么来的”这个问题的书。画面上是一条河，里面有许多蝌蚪。其实只有我们才看得懂河里的蝌蚪指的是什么，小孩子是看不明白的。你给孩子讲是永远都没有一个明确的答案，你只能告诉孩子他以后会明白的。我认为这个青春期的性教育不是必要的。

邱：答案一定可以找到、一定需要找到吗？不一定。但你至少可以提供给他一个合适的途径去探寻，这比他始终存在着好奇心却又不知道怎么寻求答案，只能通过其他不恰当的方式去寻找要好。

顾：四年级的孩子还没有这种性的概念的时候，你完全可以告诉他孩子是怎么来的。国外在孩子十四五岁的时候就已经教他们怎么避孕了。

郭：这还和文化有关系。我2008年在丹麦的时候，到一所学校听课，一位老师正给六年级的学生进行性教育。学生拿的教材上有画得相当清楚的生殖器，以及性交图。这在我们国内是不可能出现的。国外的孩子生理上发育成熟也比较早，六年级的小学生就感觉像十八九岁似的，所以这样教育也很正常。

顾：性教育不仅要讲生理教育，还要讲性道德教育，包括对性别的理解、尊重女性、文明礼貌等，有很多内容。不管你讲不讲，孩子到一定年龄都会好奇，好奇之后就有可能偷偷摸摸地去找。我们国家很多时候避讳这样的话题，因为担心出现负效果。

林：就是要看负效果和正效果哪个多。作为一个教师把这个问题讲清楚还是不难的。对小孩子来说，现在不跟他讲，他以后也会明白，但是那个时候明白了又没有受到正当的引导，可能就会出问题。我到澳大利亚考察的时候，发现那里的家长对这个问题也很开放。在我们现在的教育环境下，有一个选择问题，即是在孩子五六年级刚刚开始萌动的时候还是初中有需求的时候开始性教育？

顾：现在小学已经有这个要求了。但是到底讲到个什么程度，还需要探讨，现在很多时候还是遮遮掩掩的。

曹：我觉得这里还有一个因人而异的问题，即同一时间点，不同孩子的成长发育水平不同。有的孩子早遇到这个问题，有的孩子晚遇到。谈到青春期，青春期教育最好就是在最合适的一个点进行。

郭：其实小孩子现在懂得特别多。余华的《十个关键词里的中国》写到两代人的差异，他说，他小时候见到女生都不敢看，现在他的孩子知道的比生理课课本上写的还要多。幼儿园的小孩就知道喜欢谁、和谁结婚了。

苏：我同意郭老师的观点，孩子们很多时候并不像我们想象的那样讳莫如深。他们通过网络、杂志、电视已经获得了这方面的知识，可能不完整、不全面，但绝不是空白。我主张在孩子性生理发育之前就主动讲给他们，就像讲任何科学知识一样。刚才顾先生说，青春期教育包括性知识教育，同时也包括性道德、价值观念、责任意识、自控力等许多方面的教育，所以我认为由学校以课程的方式进行，会达到多维目标。孩子们的个体差异很大，有的早熟些，有的晚熟些，家庭性教育的针对性、随机性会更好。父母可以通过电视节目、书籍等媒介找到话题，以轻松幽默的方式，帮助孩子不断强化正确的，纠正错误的。

陈：高中生现在谈恋爱的很常见，有些学生完全不是谈恋爱，是好玩。

郭：这个时候不是青春期性教育，而是一种男女生之间的亲密感、亲切感，是带有爱情意味的。

娜：在高中阶段学生谈恋爱是正常的现象。

结　语

谈到学校中存在的这些问题，大家有无奈，有忧思，更有积极改革和改造的愿望。显然，身在其中，便被缠绕、被困扰；身在其中，才能体会到教育的艰难和希望；也只有身在其中，才能真正关注、改革、改造教育。中国教育的提升，需要每一个身在其中的人的努力。当然，教育作为一种社会实践，学校作为一类社会组织，其提高也依赖于社会政治经济水平的整体提高，需要全社会的共同努力。

伍

学生负担能减轻吗？

评价不改的情况下，“减负”能实现吗？

“减负”需要什么样的制度保障？

校长在“减负”中能有什么作为？

学生课业负担过重的问题，长期以来困扰着学校、教师、家长和学生。教育部及各省市教育行政部门多次发文要减轻学生负担，学生课业负担却未见减轻。学生负担过重，究竟是由什么原因造成的？是社会问题还是教育问题？是评价问题还是教学问题？行政干预能实现“减负”吗？教学质量提高能实现“减负”吗？怎么做才能真正减轻负担？校长和老师在“减负”过程中能有什么作为？……“减负”始终是老师们牵挂的一个重要问题，因而话题自然会集中到“减负”。

1. 提高教师质量是“减负”的根本

俞：儿童课业负担重是个大问题。教学质量不能下降，但是课业负担要下降。我们现在做得最多的是行政形式上的减轻，比如限制作业时间、书包重量，课堂上要有十分钟让孩子说话等。但实质上是明的东西减轻了，暗的东西又加重了。所以最重要的是教师素质的提高，最关键的就是教师教的质量。教学方式改变了，教学水平提高了，才能从根本上减轻孩子的课业负担。

邱：传统的教学质量观影响了我们对于教学质量的认识——这是学生课业负担不能减轻的重要原因。像我们到美国去考察时听的那堂“奇数偶数”课，以传统观念来看，课堂上的教学质量是很低的，但是从孩子的“三维”目标总体发展来看，实际的教学质量是不低的，孩子的负担也不重。表面看起来，这堂课上孩子掌握奇数偶数相关知识的效率似乎低了些，但是理解这个概念的过程却可以持续影响孩子。这是第一点。第二点，上次看到王策三[①]老师的一本书，让我想到了教师这个问题。现在最关键的问题与其说是教师专业素养的不足，不如说是缺乏教师评价标准。我们缺乏科学的教学评价标准，也必然缺乏教师工作质量的评价标准。于是，许多情况下，我们的对教师工作质量的评价标准到最后只剩下学生的考试成绩。在这种机制下，教师素质的提高被分数所劫持。“减负”问题，是一个复杂的系统工程。“减负”不是一种措施，而是许多相关措施实施后的一个自然显现的结果。

① 王策三，北京师范大学教授，主要研究教育基本理论、课程与教学论。

郭：邱校长认为，现在人们所说的质量，还是用分数来衡量、标定的。

俞：我们必须戴着镣铐跳舞。因为考试的存在，我们需要在这个前提下做好教学，如果大前提改变不了，就要思考在这个前提下我们能做好什么。现在只靠行政命令规定作业量、上课时间、书包重量等不是最好的办法，最好是提高教师的专业水平，这对老师是不可替代的。学生负担也可以分为两类：一是相对负担，就像邱校长所说的，就是老师让学生喜欢学习，让他们觉得作业负担不那么重，喜欢做作业；二是绝对负担。我举个例子，我们学习识字“保”……

阐述观点

陈：各个阶段的识字教学方法是不一样的。一个江苏特级教师（指李吉林）在高年级教识字，使用的方法是在情境中进行。

俞：传统的教法是从音、构词方式、意义、念读等方面进行的，最后布置作业，告诉孩子今天回去抄写，明天听写，要是写错了要抄十

积极发言

遍，等等。还有的老师是这样教的：先画一个人，让小孩子看图，认识到图上是一个妈妈背着一个框框，把孩子放在框框里，就像是背在背上，是在保护我。用这样的方式从“形”上面着手教学，孩子能更快更容易地记住这个字。小学课本里面有 2800 个字，一个字少花十几秒，学习那么多个字，孩子记忆的时间负担就要减轻很多。所以，教师怎么教、教师的专业技能对孩子的减负是最重要的。

娜：在小学低年级，现在有很多校本课程，比如我们学校就编了一本儿歌一样的识字本让学生背诵。原来的教学方式是先识字，再把字带到课文里面，现在我们叫做“举三反一”，就是学生在还没有认识这个字的情况下就读过几篇包含类似字的文章，通过这些文章的大意来学习这些字，以文带字。

俞：但是同样的字在不同的文章中还有不一样的意思，这个问题你们怎么处理？

娜：当然在小学里面不会用意义差异很大的文字来以文带字。

潘：俞校长想说的是通过提高教师的教学方式来提高课堂教学的效率，从而减轻学生负担。我们现在说的教学负担主要是指一些不必要的重复劳动、机械记忆，比如抄写十遍二十遍。我们去美国参观的时候并没有见到他们用这样的方式来提高教学质量，他们对不同的学生布置不同的作业，而不是无意义的重复劳动，这个才最能体现教师的专业水平，减轻学生不必要的负担。

林：高质量、轻负担是相互依存的。我们需要明确两个观念：分数与质量的关系以及人才观与质量观的关系。我们期待什么样的人才，学校又该如何培养，其中又包含有教学观、学习观。我同意邱校长说的，现在是用狭义的分数观代替丰富的质量观和人才观。现在小学好一些，中学存在着“分数就是质量”的倾向。其表现形式为：教学质量 = 教学结果质量 = 学生认知水平 = 考试分数。显然，这是唯分数论。分数无法表示课程教学所包含的德育、美育等因素，也无法准确反映学生的能力水平，分数不可能就是质量。但由于我们考核评价的功能主要是区分人、选拔人，考核评价导向以知识为主，强调考核有统一标准答案以及单一的纸笔考试形式等，在实际的终端认定上，狭义的分数就代替了丰富的教育质量内涵。我认为这是教育质量的初级形态，也是我们当下应该摒弃的教育质量观。

2.“减负”要有机制保障

邱：刚刚俞校长说的是教学方式的改进，教师专业水平的提高，原来 5 分钟学一个“保”，现在 3 分钟学一个“保”。但是，有一点不能不引起我们的关注：只要教学评价和教学标准不变，那么就会变成 5 分钟你要学一个“保”再学一个“正”，教学效率提高了，教学负担也不能减轻，压力还更大了。这样怎么办?

功：俞校长的意思应该是教师应当向着这样一个提高教学效率和教学专业水平的方向前进，从而降低学生课后的压力。

邱：对啊，正是因为只提高了教学效率，如果上位的教学标准没有改变，我认为是不会减轻学生负担的。没有一个标准，我们的教学要求就会随着教学效率的提高而“得寸进尺”。

俞：假设我们现在国家制定的课程标准相对稳定，考试的难度相对不变，在这样的前提下，提高老师的专业素质才不会像风箱里的老鼠——到处跑。小朋友的特点是善于意义学习，不善于机械学习，我们提高专业水平就是要减少机械教学而加强意义教学。传统教学中，老师就是弄不懂怎么才能提高学生的质量，就像只有体会过阳光才会知道不喜欢黑暗一样，校长的任务就是帮助教师知道有提高专业水平这种“阳光”能提高教学质量，他们才会不再使用传统的教学方式。

林：这是对的。但是我们首先要找到的是造成教学负担重的主要原因。

苏：为了便于找到解决问题的方法，我想把“负担重”狭义化。所谓的负担重，就是指学生课后负担重。如果一个老师教所有的科目，他就会有个统筹，他要检查、批改甚至讲解所有的作业，就会有切身的体会。但中学教师是分科授课、布置作业、评价，所以任课教师更多地是站在本学科的角度考虑问题。大家会看到休息日，特别是毕业年级的休息日，老师说：“我就发一页，一定得做好！”其实，发到学生手里的作业要有七八页之多。当然我们也理解老师，比如我英语课上课很好，课后学生复习半小时就可以，但数学老师布置了很多课后作业，挤占了英语的复习时间，久而久之，学生的数学成绩就可能比英语好。这样就会形成一种不良的竞争方式，占用时间，占用更多的时间。针对这一情况，我们学校设置了一个平台，让老师在网上晒作业，让大家都清楚其他老师课后留了多少作业，一般需多长时间完成。再一个就是靠班主任的协调，以及各学科老师之间协调作业量。还有就是周末学生的作业量会很大。孩子周末还要上一些辅导班，负担就会很重，但老师心想：我布置的是三天的作业，不多啊。后来学校就规定，周末就按周五一天的量布置作业，剩下来的两天是孩子自己总结、整理的时间，老师也可以根据学科的特点布置一些开放的作业，如课外阅读、时事评论等。学校通过教务处定期、不定期的检查以及开总结会、学习委员座谈、问卷调查等方式进行监督，与个别做得不好的老师谈话，要求其改进，努力创造良好的教学生态环境，老师还是欢迎的。

邱：所以“减负”首先是机制的问题，如果机制问题不解决，其他问题就很难解决，就会“按下葫芦浮起瓢”。

3. 校长要在“减负”中有所作为

苏：但是我们校长要从自己身边做起。

林：苏虹体现了校长在学校办学中的一种作为，因为科任老师是只关注自己所教科目的。我还想说一下分数与质量的关系问题，这与学校在办学中的作为是紧密相关的。我认为，当下离开分数来谈教育质量，显然是不现实的。其实，分数在任何教育发达的国家都是存在的，也是必要的。既然离不开分数，我们就要更加重视分数、研究分数，给分数一个公正、客观的名分——它就是评价教育质量的重要标准，是教育质量的现实形态，我称之为“泛分数论”。譬如，增加分数的包容性，使分数成为多元化的集合，使分数尽可能地反映我们所期待的教育质量。这样理解的话，政府和学校都可以有所作为。我想可以从三方面来说。首先，充实、丰富分数的内涵，使其尽可能成为衡量“人的全面发展”的重要标志。举个例子，家长不是很看重中考分数吗？那么就在设置中考项目时加上体育，并让体育分占到一定的比例，从而引导学校、家长重视增强学生的体质。其次，规范、优化分数获得的途径和过程，尽可能使分数的“绿色”含量更高一些。就像苏虹校长的做法，晒老师的作业，看看哪一位老师作业布置得少，但质量高。最后，让不同的人获得不同的分数，更好地反映学生的个性化发展，比如可以实施弹性课程、弹性作业和考试等。

罗：校长的专业化也是很重要的。苏虹校长对教学观、学生观有了深度理解，又通过管理智慧把这种理解转化为一种行为。所以我认为最关键的一个因素是校长。

俞：邱校长刚才所说的“质量被分数所劫持”主要指的是体制问题，若认为在体制不变的情况下，我们的作为就没有意义了，这是不行的。第二就是作业的强化意义。之所以要强化，是因为学生对原理的理解不深。就这个问题我可以通过一节数学课来展示给你们：如果原理理解了，作业量真的是可以下降的，作业强化的就是对原理的理解。（其他老师赞同）

陈：但是像你这样讲“保”字的老师是不多的。

俞：我想说的是，只要理解方法了，作业就可以下降，有了方法就什么都不难了。

郭：总体来说，大家都认为“减负”是应该的。俞校长认为戴着镣铐跳舞就是要提高教学质量；邱校长认为只要制度不改，其他怎么做都不能从根本上解决问题；苏校长和林校长认为，校长可以在学校内部做一些硬性规定，把作业量减下来，但是按照邱校长的思路，即使校内的作业负担减下来了，校外的又会增加上去，家长也会带着孩子去上辅导班。我们来听听顾先生的想法。

顾：我一个朋友的孙女在上小学，是班里的前几名。有一天回家很高兴地说，老师说她是班上很聪明的同学中的前几名。可以看到老师会对成绩优秀的学生做优秀的评价。但是不是只有应试成绩好，这个孩子才优秀，才是聪明的？有些学生可能考试成绩并不很好，但是他们在才能方面有突出的地方，但被这样的评价方式压抑住了，没有受到重视和引导。我们要思考：在小学阶段为什么要考试？考试到底要测试孩子们的什么能力？

4. 评价是教学的指挥棒

林：顾先生您这个问题很好的。小学生为什么要考试？政府官员管理学校很好的方法就是让各个学校都进入到一个统一体制中，但是考试却没有一个统一的标准，今天用某个区的考卷，明天又引进另一个地区的考卷。某个学校考得好了，就说明你校长抓得好。我们这种一贯制（指小学、初中、高中一贯）学校的校长有一个认识，就是小学生其实没有必要抓太紧，学校要有自己的一套质量标准和实施办法。比如，我们学校就制定了一套知识能力细目表，把国家课程标准校本化，还是非常管用的。

陈：我就一直奇怪小学为什么要把分数看那么重，小学生归根到底就是培养他的习惯、思维、兴趣。

潘：我们小学对幼儿园也是这个看法。为什么要小学化？根本没必要。

陈：刚才俞校长说的那个教学方法就很好，教学生的绝对就是一种思维方式，并且能激发学生的兴趣。

邱：评价是“牛鼻子”，有什么样的评价观念，就会有什么样的课程教学方式。

林：我们潘校长的确讲得很有道理，小学校长根本不需要幼儿园的小学化。

李：我在小学任教过，也认为小学教育不需要幼儿园教育的小学化倾向，但在很多地区，幼儿园在不同领域的教育中的小学化倾向还是很值得注意的。我觉得小学化倾向真正可怕的并不仅仅是教孩子拼音、算数等，这些都很容易判断，更需要关注的是，幼儿园小学化的现象甚至渗透到孩子周围的生活世界，这种现象透露出了一种对孩子的不信任，这种不信任不仅摧残着孩子的心理和身体，也让周围的人躁动起来。这可能是社会氛围在幼儿园的反映，反过来又让这种压力在社会的各个层面相互传递。

我觉得这时候校长、园长所传递的正确的信号，就显得尤其重要，就是将孩子各个年龄阶段的特点通过我们的学校传递给家长，让大家知道积极地“慢长”可能比“催熟”更好，避免造成一些“年纪轻轻的博士和老态龙钟的儿童”。

李燕园长和孩子们在一起

刘：我们深圳的幼儿园中95%都是民办幼儿园。前段时间，深圳教科院做了一个调查，认为幼儿园教育教学中普遍存在以下现象：①使用教材盛行；②基本学习环境差；③教师集体上课多。这种现象在民办幼儿园里尤其突出。它们大量地使用人手一册的教材、写字本等，而忽视了3—6岁幼儿的学习应该是以和材料、同伴、环境互动为主的主动建构学习。

但家长有这种需求，家长认为小学入学要考试，要分好班需要考试，担心孩子入小学学习跟不上。我们每年都会针对这些情况给家长进行相关的培训，但仍有很多幼儿园会迎合家长的这种需求。特别是一些民办幼儿园，对《幼儿园教育指导纲要（试行）》和《3—6岁儿童学习与发展指南》的理解存在严重的偏差，甚至认为不教授一些文化知识会对学生家长有亏欠。所以，不仅家长要改变教育观念，很多学前教育的老师和园长也要通过继续教育的学习来转变教育观念。同时，大学教育在培养学前人才的时候也要改革教学模式和教育理念。比如丹麦师范院校的学生毕业后，都需要进行再培训，要求达到能够自己设计课程的水平后，才能进入工作岗位，而我们国家的毕业生缺乏这样的岗前培训机会，因此工作单位需要大量的时间、精力进行人才培训。

苏：幼小衔接，应该是小学适应幼儿园，给孩子一个时间过渡，帮助孩子顺利过渡，应该是高一级学校适应初一级学校，我们完全相反了，我们还是“急”。

陈：我举个例子。今年高一入学新生中，进入高中时前一百名的学生到了几个月后只有60%还在前一百名。我的意思就是分数并不能代表能力，他的分数高并不代表能力发展得好。思维和心智的发展不一样。

邱：所以，我们需要在构建人才标准方面有所作为。

俞：现在的家长都认为不能输在起跑线上。大家都那么着急，要是不考试，不为了考试，你怎么办？

罗：所以应该是“不要伤在起跑线上”。

娜：有人认为现在不输在起跑线上以后有可能会输在终点线上，最后搞得那么多自杀的、杀人的。

俞：在不能保证终点的时候只有保证起点，这个是现实的。我们刚刚这些话不能只对别人说，更要对自己说，把学生当做自己的孩子。不能站着说话不腰疼，你会让你的孩子在起跑线上比别的孩子差吗？

邱：遗憾的是，许多家长认为如果赢在起跑线上就赢在终点上了。今天的家长，就是昨天的学生。他们今天的观念从哪里来的呢？与社会现实环境有关，与他们曾经接受的教育也有关。

俞：听顾先生说说。

顾：我认为监测还是必要的。北师大有个教育部基础教育质量监测中心，他们通过抽样对全国的学校进行监测，当然不只是对成绩还包括

马丽娜

对能力的监测等。它是分层的，A、B、C、D 四个层次。监测的结果发现各地之间的差别很大，这说明教育发展很不平衡。

家长有个观念问题，起跑线很重要，但是每个人的起跑线是不一样的，现在每个家长就只看到一种起跑线，大家都去上补习班，用统一的起跑线去比赛。举个例子，姚明和刘翔怎么比呢？还有就是制度问题。正如刚才有些校长所说的要规范一些行为。成都青羊区规定小学生的书包重量不得超过学生体重的十分之一。有些人说，这是治标不治本。我还是赞成的，书包太重影响学生健康。现在孩子书包太重了，背书包的都是爷爷奶奶，还有的用拉杆箱。其实书包是可以减轻的，譬如不用水杯，书包重量就可以减轻一些，学校提供水就可以，当天不用的课本、作业本也可以不带，特别是辅导材料不要带。再就是要提高教师的专业水平。我听过霍懋征老师的课，一个学期二十多篇课文，她可以讲一百多篇，而且负担一点都不重。她还编了一套儿歌，辅助学生学习。日本的识字就是给学生讲解象形文字的发展，比我们的识字教学要科学。景山学校提倡小学语文以作文为中心，我提倡以阅读为中心，通过故事、童话来提高学生的兴趣。我曾经应邀为一本书写过序，其中就有一句“阅读是通向知识宝库的大门，阅读是攀登科学高峰的阶梯，是启动探新智慧的钥匙”。方法也是因人而异的。

我提倡九年一贯制。我觉得小学生的潜力很大，小学的课程 5 年就能完成，九年一贯，可以把初中的一些课程挪到小学。赞科夫过去提出五个教学原则，其中一条是发展性教学即高难度原则，教学要有一定难度，没有一定的难度学生都提不起兴趣来，不能促进其发展。还有高速度原则、理论知识主导原则、理解学习过程原则和所有学生包括差生都得到发展的原则。巴班斯基提出最优化教学，即用最少的时间得到最好的效果，利用一切教学资源为教学服务。

分享观点

郭：正是这样的体制让老师能够有更多的智慧。

顾：我们在成都的时候，就有一个小孩说，希望国家规定有一天“无作业日”。

林：如果真有无作业的一天，那么第二天和头一天的作业就增加了。（大家笑）

顾：希望老师以后不要布置那些枯燥无味的作业，有意思的作业会比那种让人乏味的重复性作业更能激发学生学习的热情和主动性。

结　语

学生学业负担过重是一个教育问题，但学生学业负担普遍过重，就不单单是教育问题，应该说是社会问题在教育领域中的突出反映。但是，在社会问题不能马上解决的情况下，教育界是否就听之任之、理所当然、放任不管呢？当然不能。让学生有快乐的童年，愉快轻松、生动活泼地得到发展是每一所学校、每一位教师的责任。通过提高教师素质、提升教学质量、改进学校管理，学生的学业负担就可能有所减轻。

陆

基础教育如何才能打好基础?

基础教育的“基础”是什么?

教学怎么进行学生会学得更好?

教育中的专制是否符合教育的精神?

如何看待教育实践探索?

基础教育是打基础的教育。打什么样的基础？如何才能打好基础？基础教育的教育教学改革应该如何进行？这些问题，是每一位校长和教师都要认真回答的。

娜：我看了顾先生您的很多东西。您60年代就提出要重视学生基础知识和基础能力的培养，80年代提出学生是教育的主体，十八大提出立德树人，我想听听顾先生怎么看待中国基础教育的未来走向。

1. 基础教育要打好三个基础

顾：这个题目太大了。基础教育怎么搞？基础教育要打好基础。打什么基础呢？打好三方面的基础：首先是身心健康发展的基础。现在很多人心理不健康或者亚健康，老师当中都有很多。老师不能伤害学生，对学生体罚是有形的伤害，更糟糕的是语言的伤害，这看不见，但影响是很深的。儿童小时候的成长很重要。我们学校有个老师生完孩子到日本去了，把孩子留给爷爷奶奶带，回来后发现孩子很封闭，不开朗，他们就很后悔没有自己教育。第二个是打好进一步学习的基础，让孩子有学习的能力、学习的兴趣、学习的欲望，打下终身学习的基础。第三个就是打好走向社会的基础。2012年3月，经合组织发表了题为《为21世纪培育教师　提升学校领导力：来自世界的经验》的报告。报告介绍"21世纪技能评估与教学项目"汇集了来自世界各地60个研究机构250多名研究者的意见，指出21世纪学生必须掌握以下四方面的技能。一是思维方式——批判性思维。现在很多学生缺乏批判性思维，有报道说，一个题本来是没有答案的，但是高中生绝大多数都做出了一个答案，学生们有一个定向思维认为只要是老师出的题就一定有答案。还有判断的思维。知识不等于是智慧，所谓智慧就是判断、批判和创新的能力。二是工作的方式，合作、沟通的方式。三是学会利用工具，特别是信息技术。四是生活的技能。怎么做？就是要重视课程的设置。过去的课程就是课本，现在的观念是，凡是影响学生的就是课程，有显性的也有隐性的，有课内的也有课外的。

资料链接

经合组织发布新报告　呼吁各国创新解决师资短缺问题

高光

2012 年 3 月 13 日，经济合作与发展组织（简称经合组织或 OECD）发布了一份题为《为 21 世纪培育教师　提升学校领导力：来自世界的经验》（*Preparing Teachers and Developing School Leaders for the 21st Century: Lessons from around the World*）的最新报告。该报告由 PISA（国际学生评估项目）的总设计师安德烈亚斯·施莱克尔（Andreas Schleicher）编著，并作为“教师专业国际峰会”（the International Summit on the Teaching Profession）的背景报告。报告中部分内容摘录如下。

报告呼吁：随着越来越多国家面临关键学科合格教师短缺问题，各国政府迫切需要使教师行业对于有才能的毕业生更具吸引力！

报告指出：在 OECD 成员国中，有 1/5 学校校长提出，合格数学及科学教师的缺乏正对学生的学习造成阻碍。例如，在土耳其，80% 的学校在一些关键学科存在师资短缺，而在卢森堡、德国、荷兰、中国上海，30% 的学校也存在类似问题。

报告发现，在过去十年，实际上所有 OECD 成员国的教师工资都有实质性的提高。但是拥有 15 年教龄教师的平均工资，还不到 25—64 岁年龄段拥有高等教育学历的全职就业者工资的 80%，尽管教师通常拥有更大的就业稳定性及假期。

报告呼吁，除了提高教师工资外，各国需要更多创新办法来吸引和培养最优秀的教师，并提高教师地位，增加专业自主权和就业机会。报告比较了各国应对这一挑战时所采取的不同方法。

报告认为，为了确保教师能够应对日益多样化的课堂和个性化教学方法带来的挑战，在教师的整个从业期不断提高教师技能非常关键。

（摘自上海师范大学国际与比较教育研究中心网站 http://cice-shnu.org/Default.aspx?tabid=8555&ctl=Details&mid=17070&ItemID=65181&SkinSrc=[L]Skins/cice_new_2fen/cice_new_2fen&language=en-US）

21 世纪评估与教学技能项目（ATC21S）

基于这样一个前提，即学会合作以及通过科技方式与他人联络是知识经济社会的基础技能，21 世纪评估与教学技能项目将来自世界范围内的 60 个研究机构的 250 余位研究者聚集到一起，以国际化的视角将 21 世纪人才培养技能分为四类：

思考方式：创造性，批判性思维，问题解决能力，决断能力和学习能力。

工作方式：交流与合作。

工具的使用：信息获取和交流的技术以及信息素养。

生存技能：公民意识，生活和事业，个人和社会的责任感。

项目同样概述了评估系统的本质是能够支持实践中的变化，证明科技对改变评估系统和学习的作用，并且形成一个对 21 世纪能力培养的评估模型。

（摘自上海师范大学国际与比较教育研究中心网站 http://cics-shnu.org/LinkClick.aspx?fileticket=Gf6r6xnmqwc%3d&ltabid=64488llanguage=zh-CN,2002）

功：现在提倡教育家办学，我认为教育家毕竟是少数人，但是提高教育质量却面临着一个巨大的群体。

顾：提倡教育家办学的第一个意义就在于提高教师的社会地位，让大家了解当教师是不容易的，大家都要尊师重教；第二是希望教师都能懂得教育规律，成为教育家。另外，我们之所以没有教育家是因为我们把教育家看得太高了，其实有办学理念，长期从事教育工作，辛辛苦苦培养了一批人才的教师就是教育家。很多教育家都是去世了之后才被封为教育家。我们应当鼓励我们的老师成为优秀的、高端的、专业化的教师。

邱：现在的教育有很多问题，例如课标的问题。课标说是最低标准，其实在实际教学中，相当一部分小学毕业生没有达到课标规定的要求，至少在语文方面是这样的，但是他们小学毕业了。

娜：现在家长拿着教材都不知道怎么指导孩子。教材是一个载体，应该清清楚楚写明要学什么，要讲清什么。任何学科都必须要有一个保底的东西，在这个基础上才能有变化。

邱：评价方式不改革，教学方式就很难改。我们语文老师的教学长度就是两个月，过了两个月我再熬两个月。本来应该是 1000 米长跑，但现在的教学变成了许多次的 50 米短跑。

娜：顾先生，现在最困惑的是名校老师，他们想改革而不敢改。为什么？因为家长对学习成绩有很高的期待。薄弱校的压力反而小一些。

邱：很多改革是“死马当活马医”，其中不知道医死了多少“马”，幸运的是，正好杜郎口（杜郎口中学，后同）和洋思（洋思中学，后同）碰到了一个好“郎中”，医活了。

2. 教学应当怎样进行？

俞：按照邱校长的说法，杜郎口是否成功了我们其实不能确定。因为学生懂得的是制约的东西，一个有文化的老师来了他会把这个有制约的东西打开。

林：这是一种反转式的教学，晚上预习，然后白天展示讨论，老师适当介入。其实杜郎口没有太多外界去的名老师，基本上还是他们自已土生土长的老师。不过老师们都已经琢磨出了一套合适的教学方式。杜郎口通过教学改革，已经培养出了一批人，现在又四处讲学，在多次讲学过程中老师又有了进步。

功：杜郎口有几点不错。第一是确实把学生学习积极性调动起来了，学生是积极主动的，第二是因为老师水平比较低，所以在集体教研方面下了很大功夫，每堂课都有一个明确的指导、目标和检测方式。这对数学课比对语文课更有用，当然，对原理性的课来说效果稍差一些。

郭：概念性、原理性的课其实最重要，如果原理讲清楚了，就能大大节约时间，一年就能上完三年的课。如果用杜郎口的方式可能还是要三年。老师的作用就是让学生在理解原理时更轻松、快捷、有效。

林：杜郎口的“三三六”教学模式不是老师不讲课了。我认为他们在起始性的概念课上老师还是占主导，后继课、巩固应用课更多以学生为主导。现在很多老师在前期的原理讲解中讲不清楚，后期学习过程中还是包办代替，没让孩子自己发展，所以整个教学效率很难提高。本来很多老师认为这样一种教学方式是理科适用，文科不适用，因为理科有明确答案，但实践下来，发现语文和社会学科也可以用这种自助型的学习方式。英语要难一些，因为英语需要大量输入，使用自助式学习对刚开始学英语的学生是不太适用的，应该在教学的高年级再开始使用。

宁波万里国际学校小学部的教师观摩杜郎口上课

其实教师水平越高，这种方式越有价值。因为在自主学习、对话辩论过程里面需要老师能更好地发挥引导作用。

郭：对，老师如果没有及时发现学生辩论的关节点，就错过了很好的引导时机。

林：但其实也有对策和办法。我对比了杜郎口和洋思教学模式，感到洋思教学带有很强的应试色彩。

郭：其实二者都是应试的，但方式不一样。洋思的特点是“堂堂清，课课清，门门清”。和赞科夫的高速度、高难度不一样，洋思特别强调每一个知识点的巩固练习，浪费了学生大量的时间，效率极低，但是应对考试很有效。

林：那么二者的差异在哪里呢？杜郎口是让学生充分自学、充分沟通、协商争辩，可以看到学生的主动性、表达能力不亚于许多所谓的好学校的学生。

郭：但是讨论要在有高级对手的时候才会很深入。学生在讨论和争论的背后不知道的原理很多，是最需要老师引导的。

俞：但是他们的教学方式的确有值得我们学习的地方。

功：这个问题要结合他们的实际。他们的教学方式的确解决了他们的实际问题，量体裁衣，这是值得我们学习的。

3. 专制的方式能否培养出民主的学生？

邱：我第一次去杜郎口的时候，看到学生都那么热情高涨，也很激动。我后来又去过两次，第二次去，我开始有别样的感觉了。这里所有的学生都有大大超出普通学校学生的积极度、热情度，感到似乎也是一种异化，我认为这背后或许有问题。第三次去，我就在想，用一种近乎专制的方式推动教学民主，这背后就有问题。当然，不能简单地求全责备。杜郎口作为一个特别的案例，促进了我们对当今基础教育的许多思考，这种价值是独特而又巨大的。

谭：我只去过一次杜郎口中学。在他们教学楼一层中间有一个开放式的大厅，上午有一小段时间老师们在那里开会。当天有些老师会在大厅里面被领导点名批评，被批评的缘由多是某些环节时间动作不够整齐等细枝末节的事情，而这些事情在我看来根本不是问题。这和他们老师传递给孩子们的理念其实是不相符的，甚至是相悖的。看到这个之后我就不想再去看了。如果对老师没有尊重，对学生会有尊重吗？

郭：传统的中国教师这种人权意识很弱，根本没觉得什么是权利、什么是义务。

谭：我去的时候看到这种情况的确有这种感受。我们参观的人就站在旁边，领导当着所有人的面，有来参观的外人也有其他老师和学生，就这样点名批评老师。

对话现场

林：我认为这个不能用我们的常态来理解，这已经是他们的一种文化了，他们被听课、被参观已经是一种常态了，根本不用打招呼，很随意地就有四五百人去参观了。

俞：我小学的时候，老师就说上课要多回答问题，天天说，就习惯了。

苏：就是他们不但没把有人来参观当一回事，而且把这当成一种文化来做了。当然对改革的反思也是非常必要的。不过我认为，杜郎口中学、洋思中学自上世纪90年代末开始的课堂教学改革是有意义的，他们解决了制约学校发展的关键问题，是值得肯定的。在我看来，他们的意义在于，在教与学两条线中发现了“学生”的意义，发现了“学”的意义，改变了传统教学中过分重视教、忽视学的惯性。提高教学质量的两个途径，一是提高教师素质，二是改进教学方法。对于农村濒临倒闭的学校来说，提高教师素质是不容易快速实现的，那么只有改进教学方法。自2009年开始，我们学校也在扎实地进行课堂改革，取得了很好的效果。我们发现，当学校以构建学习共同体的方式来改进教学方法时，老师的素质是稳步提高的。

林：这种方式是比较直露。主任之间、老师之间都可以相互点评。这种模式对一些名校来说，也是值得学习的，但是不是都要学的，当然要看各校的校情。

郭：我一直觉得有些模式是不合规律的。比如有一种模式要求老师每节课就讲5分钟，怎么可能所有课都一刀切，都只讲5分钟？把它作为了素质教育的典范，我认为是不恰当的。

林：我曾经在一节课中用了6个秒表来给自己计时，要求自己讲课限定在一定时间之内，想把教师讲风太盛改改，其实也是矫枉过正。杜郎口现在也不是所有课都只讲5分钟了。我看过《人民教育》上的一篇文章《正确正视学生学习能力的发展》，其中说到从小学到高中教学方式基本上没有变化，学生学习的主体性越来越差。按道理小学低年级段老师应该讲得多点，到了中高段，特别是初中后，教师要少教，学生多学才对。

郭：相比来说，小学生的符号思维能力还没有很好地发展起来，反而应该是多动一些，少讲一些。

顾：杜郎口我也去过，我觉得能让学生那么主动地参与是值得肯定的。老师只能讲几分钟这些规定值得讨论。我听的数学课是学测量水坝的体积，学生自己设计图画、计算，每个学生能够这样参与，我觉得挺不错的。

郭：对于当时一个濒临倒闭的学校来说，尤其难能可贵。

顾：我专门去看了看，看过之后还是有一定启发。

4. 在改革借鉴中发展

林：我认为我们需要在借鉴吸取别人东西的基础上，推进自己学校的改革。我们在参观杜郎口中学的时候容易出现两个极端：一是觉得这个方式太好了，回来照搬照抄，就像临帖一样，认为要出帖先临帖；二是认为杜郎口是农村的，我们没有必要学。作为校长，应该了解其他学校值得借鉴的经验，有针对性地推进自己学校的改革。

陈：我想问一问你们学校从借鉴杜郎口中学的教学模式到推广应用，整个周期大概耗时多长时间?

林：我们是边借鉴边推进，直至达到预期目标，我给定了一个十年的时间，现在是第四年。做好一个学校就需要“十年磨一剑”，我们现在还只是开始的第一阶段，是基本模式的梳理和建立学科子模式群。

林良富校长在指导小学自主课堂教学

宁波万里国际学校课堂现场

宁波万里国际学校的外教与学生互动

宁波万里国际学校学生参加国际部“联合国日”活动

2013 年 1 月，英国顶尖中小学校长走进宁波万里国际学校，分别观摩了小学部以及国家高新区外国语学校的数学课，惊叹：“这趟来中国值了！”

俞：相当于我们小学数学的速算，表演起来很让人佩服，但是很多人不认可。

顾：大家讨论得挺好，任何模式肯定都不能照搬，但是一个农村学校，不管是为了升学还是为了考试，真能够让学生充分发表意见、积极参与到学习中来就是很不容易的一件事，就是我们值得学习的。广西的玉林开展有效教学，学生老师积极性很高，自治区的副主席去考察，看到学生那么有积极性，觉得这些学生以后会很有出息。能发表意见，能在那么多人面前讲话，这就很不错。每个学校有每个学校的特点。

结　语

谈到基础教育改革，对杜郎口不能不提。在中国的基础教育界，杜郎口不只代表一所学校的成功经验，而且是成功改革的一个典型范例。在我们的对话中，杜郎口也不是特指“那一所”学校，而是指“那一类”改革。杜郎口成为每个人陈述自己的教育观的一个切入点、一个由头。在这个意义上，杜郎口经验极具价值。当然，杜郎口本身也已成为传奇，无论最初的改革是否自觉，广大教师的探索值得尊重。基础教育需要改革，更需要自觉的、理性的改革。

柒

建设信息化学校，还要不要黑板？

信息化学校什么样？

信息化设备有无滥用、误用？

信息化学校建设中，传统的教学手段还有用吗？

学生应不应该带手机？

信息时代已经来临。大多数学校已经超越了电化教学阶段而进入到信息化教学。那么，如何充分利用信息化设备来为教育教学服务？传统教学手段还要不要？对话从俞正强校长的“给我一块黑板”谈起……

1. 留一块黑板

俞：现在，老师、政府、学校都很重视多媒体的运用，电子产品的更新换代也很厉害，学校对这方面的投入不断增大。这个东西对老师教学有什么帮助？如果用得好帮助很大，如果用不好就会空置，我有很多这方面的案例。我们应该怎么看现代化的东西呢？这方面投入很巨大，但是我要说，“给我一块黑板”。

林：我们在现代化学校进展中提出一个“智慧学校”的概念，通过高投入达到校园电子化、智能化。从汽车开进校门自动拍照识别一直到校园里所有黑板和学生的电脑交互式活动，这已经是一个趋势了，特别是在沿海发达地区。所以现在出现了一种新现象，就是在学校里已经很难找到一块完整的大黑板了。我们在走向现代化的过程中，现代信息技术与人、与教学到底是一种什么样的关系，一定要弄清楚。我有一次去听课，内容是“角的度量”，上着上着停电了，讲课的老师下来说他上不了课了。我问为什么，他说没带量角器。我问他：“你上‘角的度量’，没带量角器怎么上？”他说：“我在 PPT 上都做好了。”更有意思的是，中午吃饭，所在学校校长告诉我说：“林老师，你是那个上课老师的师傅，早上不是停电，是我把电闸扳下来的。我就是想让他在师傅面前出出丑。我平时教育他们要用黑板他们不听，现在让他们尴尬尴尬，吃吃苦头。”其实，我的徒弟是没有意识到，真正用量角器去“量”和做好 PPT 让学生观察“量”是不一样的。我们在现代教学手段运用过程中把很多学生的思维过程和学习过程都压缩了。怎样能很好地暴露学生的学习过程、思维过程？就是要用黑板来呈现和展示，让更多同学在比较交流中学习。对教师来说，这就是一种很好的教学资源。暑期的时候，诺丁汉大学的英国老师在给我们学校老师做培训的时候，这个观点得到了印证。他们使用了4块黑板，要求每个学员教师把自己的思考和想法写下来，然后开展对比学习。“给我一块黑板”这个命题是好的，呼吁教学还是要充分展示学生的学习和思维过程。

陈：我认为做板书本身就是对学生思维能力的训练，老师可以修正。课件限制了老师讲课的自由和发挥能力，会打断一个老师讲课的思路和连贯性。有的老师就是完全在展示课件了。

邱：但我认为更好的说法应该是“给我留一块黑板”。现代技术手段有很多功能我们还没有发掘出来，很多都可以写板书，但是我们没有发现。所以我们一方面不否定现代技术手段，另一方面也要“留一块黑板”。

郭：“留一块黑板”的说法很好。我们既要充分认识传统教学手段的作用，又要充分利用现代技术，发挥现代技术的优势。以目前的情形看来，现代化教学手段还没有被完全开发。现代技术不只与电直接相关，一些新兴的技术在教学中的应用前景会很好。可以假设，技术是无止境的，当技术无所不能的时候也许教师都可以被替代了。我们应该探讨如果还存在教师，那么教师应该发挥什么样的作用。

2. 重视信息技术带来的革命性影响

邱：《教育规划纲要》里面就提到要重视现代信息技术将带给教育的革命性影响。什么才算是革命性影响？什么时候到来？怎么应对？大家都感到要有重要变化，到底变到什么程度？这些问题很值得我们去思考。

顾：关于现代教育技术，我认为做课件是最低级的形式，最好是要用先进的理念来运用信息科技手段，包括通过网络进行教学。以后可能有在家里上课、在学校做作业的形式，即反转式教学[①]。牛津大学、麻省理工学院等名校都已经有很多课程放到网上，学生可以在网上注册学习。现在美国还出现一所可汗学院，也是通过远程帮助，让学生进行个性化的学习。当然，我们学校的教师培训也已经有了很多这样的远程课程。其中的革命性作用就是老师角色的变化，老师不再是唯一的知识载体，也不是知识的权威，老师的作用就在于设计一个环节，为学生设计学习的环境，指导学生学习，是一个指导者和设计者，教学生怎么收集信息，怎么辨别无用的信息，帮助学生学习。还有和学生的沟通，如果老师也起一个网名，学生就不会认为是在和一个权威者交流，不会不敢说话了。

江苏有一所中学，信息化程度很高，但比较奢华，每个教室门口都有视频显示教室内的温度、湿度、二氧化碳浓度。孩子进学校都可以很快反馈给家长。学校有一个走廊，叫做青春之廊。青春期的性教育现在很多地方都不敢提，这个学校就在这条走廊的屋顶上画着精子、卵子，放着电子设备，学生可以用耳机询问各种生理、心理问题，获得性健康的相关知识。这个走廊设计得很好。还有一个减压室，里面有一个圣诞老人，可以抱抱他，还有叫喊的设备，可以释放心理压力。

十多年前我到深圳一个中学，当时学校还没建成，校长说要搞现代化，要取消黑板，我说黑板是取消不了的。讲课如果只有 PPT 就会

① 即变传统课堂的听讲为学生课外自学，将师生最宝贵的时间放到沟通上，学生去学校是要跟老师和同学交流讨论的。老师拥有大数据的支持，可以看到每个学生的详细状态，甚至不用亲自去给学生辅导，而可以根据数据的反映，让更优秀的学生代为辅导。参见《中国远程教育（资讯）》2012 年第 11 期中汤敏的《为什么中国新型的网络教育有可能走在世界前列？》。

束缚思维。还有就是人际关系和人情味的问题，就像是我们到一个商店里，一个机器说“欢迎光临”和一个店员笑眯眯地跟你说“欢迎光临”感觉是不一样的。光用 PPT，只能做到人机交流，不如人与人交流有感情。PPT 上画着一个圆，学生就看到一个圆。如果老师在黑板上画一个，画得很圆，学生就会惊叹老师的本领。还有板书，PPT 上写的一个概念、定义，往往一晃而过，如果老师在黑板上写下来，写的过程就是一个思考过程。我们还参观过一个学校，老师和学生都用电子书在上课，让人觉得很生硬，感觉不太好。

郭：不同的年级和不同的课程内容使用现代技术手段时是有区别的，要个性化地使用信息技术。

郝：信息技术如果和远程培训结合起来功效还是很巨大的。山东省 2012 年暑假进行了一个很成功的远程培训，主题就是“教育技术全

对话现场

员培训”。组织很严密，省市县三级组织，三级专家都进行了提前培训，课程设置也很科学。课程有“视频点击”，作业有及时点评，网上研讨有统一组织和专家参与引领等。老师在网上都是个性化学习，研讨时间有统一要求，这样形成了一种个性化的教学。培训下来，老师们学会了一种新的思维导图的应用。通过思维导图软件的普及和使用，让老师在一个中观层面，从整个单元的角度去备课。以往的培训大多流于形式，今年的培训，虽然大家感觉难度有点大，但却有实实在在的收获，掌握了对教学有实际意义的技术，大家都觉得很带劲儿，很有意义，都觉得教学时间太短了。所以，这个信息技术如果合理使用会有很大作用。主要还是思维观念的更新，一个新的技术带来了一种思维方式的变化。这个形式还缩小了山东省各个地区的差距，一些相对落后的地区的老师能和济南、青岛、潍坊这些经济和教育发达的地区的老师在同一个平台上学习，对促进落后地区教育发展和促进地区均衡都很有意义。

陈：广州的远程教育现在也不错，还作为了一个试点。最近一个全国性的教育技术论坛也在广州召开。山西的新绛中学，上午学生展示，下午是老师把教学任务分配下去，由小组合作学习，每个小组有两个iPad。现在软件和硬件的配套开发利用对老师的要求很高。

3. 要开发手机的功能

陈：学生带手机的问题不知道大家都是怎么处理的。我们在学校，头一天收了学生的一个 iPhone，第二天他拿来一个更大的。

林：手机等现代通信方式确实为男、女生谈恋爱提供了便利。手机已是学生交流沟通的一个重要载体。

娜：可以屏蔽嘛。

邱：现代的通信方式不仅对学习有革命性的影响，对人与人之间的关系也有革命性的影响，班级之间和学校之间谈恋爱的学生或许都会增加。

曹：有的学校提倡不用电子设备。但是现在禁用电子设备也是没有意义的。我们学校办了一个手机报，如果有什么信息就由学校给家长或学生发一个手机报。其实有时候你放开了，他们也就不用把这个事情闹大了。

林：我听明白了，曹校长是把带手机的事全放开了。

曹：我没敢全放开，但是我心里明白，就像当时我们班主任禁止我们戴手表是一样的，禁止这种事情是没有意义的，最后还是会有人用。有的学校是把手机这样的电子设备放在一个专门的地方，学生在课后或

对话现场

者放学后可以来取了使用，在不影响上课的前提下存放在学校的一个地方。

林：曹校长这是学校行为，就像是性教育一样，你真的放开了，也就这么一回事，你把这个事情讲清楚比禁止要好得多。

邱：我们学校是这样做的：第一步，在开学的时候发一个告家长书，原则上我们不支持学生带手机，如果有任何需要，学校里所有电话和通信设备肯定随时免费提供给学生用。我们不屏蔽信息，有重要的事情家长可以随时联系我们老师，学生也可以随时联系家长。但是我们不强行禁止学生带手机，如果有需要可以沟通。这么多年没出现什么手机问题。

陈：你们学校有没有带手机的？

邱：也有。带了我们首先报到德育处，再沟通交流进行处理，我们不强制没收，因为我们的确没有权利去没收学生的手机。

郭：校长们通常是这样的，新的事物出现了，首先想到的是要管理。但是，需要思考的是怎么管，禁止都是要有限度的。

郝：在小学和大学阶段，带手机都不会构成什么问题，但在中学阶段，由于中学生处于青春期，学业压力又比较大，就成了管理者非常头疼的“管理问题”。

苏：他们有和他人联系的需要。

顾：但是他们没有自控能力。

陈：他们没有自控能力，常常没有节制地和别人发短信聊天。

苏：家长给孩子配手机，一是为了接送联系方便，二是觉得手机是科技不断进步的产品，不能脱离时代。曾经有个家长说，尽量给孩子买最新的电子产品，让他感受科技的进步。但是手机的功能的确是太丰富了，成人也很容易深陷其中不能自拔，更何况是孩子。手机突然响起，发生在学生的课堂，是影响秩序、干扰学习的。我知道有一所学校是这样做的：每个班级都设手机委员，学生到校时，把手机关机，交上来，由手机委员放在柜子里统一保管，放学时，再领回去。这样就既保证了秩序，又方便了家长接送时的联系。

林：手机的存在改变了很多人的行为。你上边在开会，下面年轻人一般在玩手机。

顾：上次曝光在一个会议上，浙江大学一个校长不听会议讲话，在手机上玩扑克。

林：现在教师培训中也有很多老师悄悄地玩手机。

邱：上次，我们要求老师开会一定要带手机，我们通过手机的蓝牙功能进行签到。我们还考虑将手机和网络连通，这样，在交流时，如果老师有什么想法就可以互动问答，现场投票。这没有技术难度，而且不用上网。

曹：现在还有飞信功能，有什么事情统一通知就可以。

郭：我看现在有的老师上课都不带电脑，就带着一个手机，上课用的所有东西都存在手机里。

邱：我们的生产力在不断进步，我们老师也应积极提升对这些新事物的理解和应用能力。

结　语

学校教育信息化是潮流，步伐也会越来越快。但是，学校教育信息化肯定不只是设备信息化。在建设信息化学校的过程中，有两个问题亟须解决：一是如何充分利用信息化设备来提升教育质量，就目前来看，信息化所带来的革命性变革远远没有影响到学校教育；另一个是如何处理好传统教学手段与信息化设备之间的关系，传统手段依然有着强大的生命力，教师的语言、与学生面对面的交流，至少在可见的将来，还是不可替代的。

捌

民办教育如何才能获得更好的发展？

《民办教育促进法》怎么成了“民办教育促退法”？

名校办民校带来怎样的难题？

如何保障民办学校教师的待遇？

民办教育是教育事业发展的重要增长点和促进教育改革的重要力量。但是，民办教育的现实发展却不容乐观。那么，民办教育的发展空间有多大？需要什么样的政策支持呢？

1. 应该促进民办教育发展

谭：我觉得民办教育是公办教育的一个重要补充，但是国家现在对民办教育的推动显得比较迟缓。

顾：其实国家对民办教育的确有政策推动，呼声也很高。《教育规划纲要》里说民办教育是“促进教育改革的重要力量”，但是许多人就认为民办教育是赚钱的，觉得质量不好，大众在心理上并没有完全接纳。大家一听“私有”，心里就怕。不过民办教育质量的确也是良莠不齐，才导致民办教育办不好。

资|料|链|接

《国家中长期教育改革和发展规划纲要（2010—2020年）》第十四章

第十四章　办学体制改革

（四十二）深化办学体制改革。坚持教育公益性原则，健全政府主导、社会参与、办学主体多元、办学形式多样、充满生机活力的办学体制，形成以政府办学为主体、全社会积极参与、公办教育和民办教育共同发展的格局。调动全社会参与的积极性，进一步激发教育活力，满足人民群众多层次、多样化的教育需求。

深化公办学校办学体制改革，积极鼓励行业、企业等社会力量参与公办学校办学，扶持薄弱学校发展，扩大优质教育资源，增强办学活力，提高办学效益。各地可从实际出发，开展公办学校联合办学、委托管理等试验，探索多种形式，提高办学水平。

改进非义务教育公共服务提供方式，完善优惠政策，鼓励公平竞争，引导社会资金以多种方式进入教育领域。

（四十三）大力支持民办教育。民办教育是教育事业发展的重要增长点和促进教育改革的重要力量。各级政府要把发展民办教育作为重要工作职责，鼓励出资、捐资办学，促进社会力量以独立举办、共同举办等多种形式兴办教育。完善独立学院管理和运行机制。支持民办学校创新体制机制和育人模式，提高质量，办出特色，办好一批高水平民办学校。

依法落实民办学校、学生、教师与公办学校、学生、教师平等的法律地位，保障民办学校办学自主权。清理并纠正对民办学校的各类歧视政策。制定完善促进民办教育发展的优惠政策。对具备学士、硕士和博士学位授予单位条件的民办学校，按规定程序予以审批。建立完善民办学校教师社会保险制度。

健全公共财政对民办教育的扶持政策。政府委托民办学校承担有关教育和培训任务，拨付相应教育经费。县级以上人民政府可以根据本行政区域的具体情况设立专项资金，用于资助民办学校。国家对发展民办教育作出突出贡献的组织、学校和个人给予奖励和表彰。

（四十四）依法管理民办教育。教育行政部门要切实加强民办教育的统筹、规划和管理工作。积极探索营利性和非营利性民办学校分类管理。规范民办学校法人登记。完善民办学校法人治理结构。民办学校依法设立理事会或董事会，保障校长依法行使职权，逐步推进监事制度。积极发挥民办学校党组织的作用。完善民办高等学校督导专员制度。落实民办学校教职工参与民主管理、民主监督的权利。依法明确民办学校变更、退出机制。切实落实民办学校法人财产权。依法建立民办学校财务、会计和资产管理制度。任何组织和个人不得侵占学校资产、抽逃资金或者挪用办学经费。建立民办学校办学风险防范机制和信息公开制度。扩大社会参与民办学校的管理与监督。加强对民办教育的评估。

谭：除了民众的反应，地方的建设也显得不够有力。增加教育经费来源渠道以及改变教育经费投入结构，是解决当下教育经费短缺的一项重要措施。

顾：政策上说，要去掉对民办教育的歧视，这就说明现在对民办学校的确有很多歧视。

2. 民办教育如何保障教师的待遇？

郭：不过现在最好的学校确实还是公办学校。

顾：公办学校资源丰富，实力很强。

郭：是否和编制有关？公立学校是有编制的，民办学校就不稳定了。

顾：现在北京有一些好的趋势了，在政策上要求民办、公办一视同仁。以后对编制的概念可能要淡化，很多单位都是合同制，以后事业单位也是更多变为合同制了。

刘：深圳市出台了一些政策，这些政策是公办、民办幼儿园都可以享受的。如：按照每生每年 1500 元的标准提供健康成长补贴，实行幼儿园保教人员长期从教津贴制度，对获得市级以上政府表彰的先进幼儿园和先进个人、优质办学的幼儿园和通过督导评估的幼儿园进行奖励，资助幼儿园开展省级以上教科研课题研究等。我想这些政策的实施应该会进一步稳定学前教育师资队伍，吸引和留住优秀人才在幼儿园长期从教，特别是有利于民办幼儿园教师的稳定。

谭：对于北京的民办教育来讲，吸引和稳定优秀人才，能不能解决北京户口很重要。户口问题是瓶颈，没有户口，就谈不上编制了。

林：在宁波，民办学校教师的身份问题是能够解决的，中级职称以上的民办学校老师可以享受事业养老保险。宁波还出台了一系列政策措施解决民办学校办学难的问题，包括政府给学校的经费补助：按本市户籍学生人数，给予相对应的公办学校生均教育事业经费 1/4 的补助；对全日制民办中小学为具有专业技术职务的教师按规定缴纳的社会保险费中由学校承担部分，给予 1/2 的补助等。但是民办教育的发展确实挺不容易的。民办学校从上世纪 90 年代萌芽，新世纪交接的时候高速发展，但在 2004 年《民办教育促进法》及实施条例颁布后，民办教育反而走向了衰落。

资料链接

解读《民办教育促进法实施条例》

吕诺　刘钰

“合理回报”问题一直是民办教育界争论的焦点。《条例》（指《民办教育促进法实施条例》，后同）对民办学校出资人可以取得合理回报的比例没有明确，这是否说明《条例》回避了这个敏感问题？

史敏（国务院法制办教科文卫法制司司长）对此特别说明：“任何法律法规都要结合中国的实际情况。我们走访了很多不同地区的学校，跟很多民办教育的举办者、民办学校师生、专家学者进行广泛的探讨后发现，同样一个合理回报的比例，如果满足了经济发达地区，经济贫困地区做不到；如果满足了经济贫困地区，发达地区认为没有意义。所以《条例》不做硬规定，只制定了大原则，让地方结合本地实际情况确定能够真正促进民办教育发展的政策和标准。”

对出资人如何取得合理回报，《条例》规定了 4 个原则。

第一，出资人可以取得回报的前提是当年有办学结余，并且没有发布虚假广告、骗取钱财、抽逃资金、挪用办学经费等行为。第二，与同级同类其他民办学校相比，收费高、用于教学教育活动和改善办学条件的支出占收费比例低，并且办学质量低的民办学校，出资人取得回报比例不得高于同级同类其他民办学校。第三，民办学校在确定出资人取得回报比例之前，要向社会公布与其办学水平和教育质量有关的材料和财务状况，民办学校决策机构根据《条例》规定，做出出资人取得合理回报的决定。民办学校应将该决定向社会公布。第四，凡是不按照《条例》规定取得合理回报的，都将承担相应的法律责任。

浙江大学民办教育研究中心主任吴华认为，《条例》虽然没有限定民办教育出资人取得"合理回报"的比例，但是强调财务公开，确定资金使用顺序，对"合理回报"采取程序控制：

首先，要求民办学校财务公开，规定民办学校应当依照《中华人民共和国会计法》和国家统一的会计制度进行会计核算，编制财务会计报告；其次，设立资金使用程序，规定出资人根据民办学校章程的规定要求取得合理回报的，可以在每个会计年度结束时，从民办学校的办学结余中按一定比例取得回报。而根据《条例》，先扣除办学成本等形成的年度净收益，再扣除社会捐助、国家资助的资产，然后预留发展基金以及按照国家有关规定提取其他必须的费用，余额才按一定比例提取合理回报。

吴华认为，程序控制可以使管理更加有效。

允许公立学校创办民办学校

公办学校是否可以作为出资者或者举办者举办民办学校，民办教育界一直有着不同的看法。《条例》为公办学校举办民办学校亮起绿灯。

教育部部长周济说，在法律允许的条件下，我们应支持民办教育多种形式共同发展。将优质教育资源和社会上各种优质办学活力、办学理念结合起来，创造新型民办学校，在现阶段还是允许探索，在《条例》许可的范围内依法办事。

教育部副部长章新胜说，面对教育资源特别是优质教育资源紧缺的现实，如何扩大教育资源，我们始终要不断改革发展和创新。

据教育部政策研究与法制建设司副司长孙霄兵介绍，《条例》允许公办学校举办民办学校，但同时政策明确对此进行了限制和规范，比如不能利用国家的财政性经费，不能影响公办学校正常的教育教学活动，必须经过主管的教育行政部门或者劳动和社会保障部门的批准，所举办的这个学校必须和原来的母体分开，要具有独立的法人资格、与公办学校相分离的校园和设施，要实行独立的财务会计制度，独立招生，独立办学业证书等。

对于防止公办学校国有资产的转移和流失，《条例》明确提出，参与举办民办学校的公办学校依法享有举办者权益，依法履行国有资产的管理义务，防止国有资产流失。《条例》规定，举办者以国有资产参与举办民办学校的，要聘请具有评估资格的中介机构依法进行评估，根据评估结果合理确定出资额，并报有关机构备案。

同时，《条例》特别强调，实施义务教育的公办学校不得转为民办学校。这是对政府行为的一个明确约束。九年义务教育就是政府承担的责任，因此实行义务教育的学校不得找任何借口和理由转制为民办。

（摘自《半月谈》2004年第8期）

顾：这个条例违背了教育规律。

林：是的，这个条例在促进民办教育发展中有很大问题。

顾：主要是观念问题。

陈：最近教育部对民办学校好像有很高的期待，有很多鼓励的说法。

顾：前几年民办教育的确存在些问题，很多地方怕出事。前几年在郑州，一个台湾人办的大学里学生就闹事了，惊动到中央。有些民办学校宣传得很好，但质量很差。现在问题是法制还不健全，很多时候民办学校处于一个无序的状态。在很多国家民办学校是公益性的，是基金会办的，我们的一些民办学校就是为了赚钱，当然就遭到了很多歧视。

郭：家长给民办学校投入了那么多钱，当然会考虑能否得到相应价值的回报。

顾：所以要讲价格公平。

郭：我们到芬兰遇到这样一个私立学校，学校的支出经费全部由国家买单，义务教育阶段的学生不用花钱，是免费的，教师以及教育教学是由民间组织的。

顾：这就相当于教育券。

陈：我们去瑞典的时候有个现象也挺有意思的：如果有人有什么样的教育理念，政府认为可以，就批准他实施，经费由政府来负担。其实民办学校办不好也有一个问题，就是办校无度。投资办校光是一个校舍就花很多钱。

娜：国家办学首先办好公办，然后鼓励民办。这个思路是对的。

顾：对学前教育国家可以鼓励民办，但地方上的教育规划中对学前教育发展有指标，有些地方为了完成指标就把民办收为公办了。

娜：有一位小学校长在十八大上的一个发言很不错，谈到海淀区办了一个手拉手活动，让周边的薄弱学校和优质学校在教学以及科研上共享，也就是一种资源的共享。

谭：这是一个小区间的资源共享，比如史家胡同小学的很多硬件设备其他周边学校也可以来使用，其实是提高了资源的使用率。这种方式方法对薄弱校或者民办校质量的提高有很大帮助。国家或地方政府的教育经费投入结构出现了异变，主要投放在硬件上，但很多设施设备使用率却不高。学校是否需要那么高端的设备？当然，如果经费允许，设备充足与先进是一件好事，是改进教师教学与学生学习非常重要的条件和基础。问题在于，中国地域之广，地区及学校差异之大，社会教育需求之多样化，经费盲目投放甚或爱做面子工程，是很成问题的。优化教育经费支出结构，提高经费使用效能是一个很重要的课题。

潘：这些投入好像就没有考虑到实际的需要。

林：政府行政投入上“重物轻人”的观念我感觉是根深蒂固了。政府常常把大量的资金用于“外包装”上，气派的校门，豪华的装饰，精致的花园假山等，却很少关注是否能有效满足师生的教育与学习活动需要、是否体现了必要的人文关怀和学校的文化意蕴等。学校设施设备添置上还存在“重投入数量轻使用效率”的现象，资源浪费十分严重。我们何曾认真研究过：一个会议室、一个阶梯教室每月的利用率到底有多高呢？如何将有限的投入用在刀刃上，是我们当前办教育需要思考的问题之一。

顾：国外要建一所学校，有多少预算，要社区投票才行，但在国内是不一样的。很多是体制问题。

资|料|链|接

适应变化的唯一途径就是应变
——林良富谈民办学校的重建策略

茅卫东

民办学校办学取向要“顶天”、“立地”、“出世”

中国教师报：您认为转型时期基础教育阶段的民办学校应该追求何种价值？应该向何方向发展？怎样进行学校教育的改革呢？

林良富：从总体上分析，民办学校转型和重建的方向是：从机遇型发展转向实力型发展，从规模扩张到谋求内涵发展，从粗放型办学到精细型办学，从同质化竞争到以个性特色立校。其价值取向是：立足于提供义务教育阶段择校与选择性教育的服务，求精不求多，求强不求大，求特不求同，进一步提高教育质量，进一步提升特色品牌，进一步培育发展优势。落实在具体的办学上，就是从学校实际出发，以社会需求为依据，以实现未来的某种可能为导向，找准自己最适合的定位区间和发展空间。这就犹如生态学上的“格乌斯原理”，一切生物都生活在自己的“生态位”上。目前民办学校重建的路径选择大致将会有三种取向：以提供优质教育、高水平服务为核心的精品化办学特色；以学会做人、不让一个学生掉队为目的，立足育人的个性化办学特色；以开设国际课程、瞄准出国留学为代表的，满足“外向型”特殊教育需求的国际化办学特色。

民办学校重建的新出路就是要“去同质化”，创出自己的特色与品牌。

显然，第一类的重建策略为“人有我优”，追求“顶天”特色。它借鉴发达国家私立学校的发展经验，以优于一般公立学校的办学条件、教育质量、教育服务以及独特的办学理念，来吸引中高阶层中对优质教育有需求的家庭的子女就读。学校转型的前提是本身已有较高的综合办学水平，有一支高素质的教师团队，教育质量在当地已有相当高的认可度等。现在很多的国有民办和名校所办的民办校下一轮发展的路径选择就是这种精品化办学。不过它将受到老牌知名公办学校的夹击和自身脱离“母体”后品牌信度的考量。

第二类的重建策略为“人优我特”，追求“立地”特色。它确立一个教育理念：没有教不好的学生。以此为基础，制定学校的育人目标，构建学校课程体系，选配合适的师资队伍，形成独特的教学过程管理，寻找展示“从起点看变化”的评估平台。它主要造福于学困生、特殊学分段的学生群体以及个性行为比较特殊的一类学生。这种“立地”特色也能创造出一流水平，有点类似于当年的洋思中学和今年红极一时的杜郎口中学。不过这种从教育理想上产生的办学目标，在操作上会受到许多质疑与限制。

第三类的重建策略为“人无我有”，追求“出世”特色。充分发挥民办学校体制新、机制活的特点，立足于做公办学校不能做或不便做、不愿做的事。寻求中外合作办学，引进国际课程，实施国际化教育与评估，为学生出国留学打好基础或直接输送学生出国就读。随着全球经济一体化的到来，人民群众对教育的理解和视野已发生了很大的变化，送子女出国留学的需求也将越来越旺。不过，这类学校的转型会受到国家的政策与学校所在的区位特点的制约。

当然，民办学校转型与重建的价值取向是指向实践中的学校教育的整体，这种面对现实的转型与重建，是办学行动的先导，有着鲜明的“动势”和时空针对性，它的实践形态也不会只是简单意义上相互割裂的上述三种取向，而是会呈现出变动不居、丰富、多元化和综合性的特点。

（摘自《中国教师报》，2007 年 8 月 25 日）

谭：《第56号教室的奇迹》的作者雷夫来北京访问，他在参观十一学校后非常惊叹。十一学校校长李希贵就问他，为什么惊叹，雷夫说觉得这里的孩子太幸福了、太快乐了。

顾：对，他看到的主要都是孩子，而不是那些设备。

3. 名校办民校会带来怎样的困境？

罗：我想说的是民办幼儿园怎么推进的问题。《国务院关于当前发展学前教育的若干意见》明确提出"鼓励优质公办幼儿园举办分园或合作办园"。我们作为当地的示范园，先后在本区之外合作办了两所分园，我们实施的是品牌移植、模式复制、课程师资一体化管理的方式，效果非常好，被所属区教委誉为"幼教明珠"，拓展了优质教育资源的影响力。但现在我有了一种焦虑，前期该楼盘的销售因品牌教育的入驻非常红火，目前楼盘的开发工作已接近尾声，于是开发商便决定将园舍出售，正忙于寻找购房者，我的担心在于目前合作开办的非常有质量的这

巴蜀·重庆天地幼儿园　巴蜀幼儿园鲁能二园

两所分园，有可能会因为合作方的变更而带来不可预知的震动和影响，或者无法继续合作而夭折。我真的不希望这么多年团队共同的用心经营就此画上句号，这样就太可惜了。而就幼儿园本身来讲，我们又没有能力去改变这个现实，所以焦虑，期盼相关的职能部门可以给予干预和扶持，阻止开发商随意变卖幼儿园园舍的现象，帮助这种名园所办的民园健康地生存和发展下去。

顾：那你就让政府给你的幼儿园换一个地方。如果当地需要幼儿园，那么你就让当地政府加大投入。

罗：我认为这个问题很复杂，也很棘手，我们感觉自己的能量很小，还是比较迷茫。

林：这就是你当年的问题，你为什么要跨区办幼儿园？这个幼儿园的确是需要的，但是你抢了人家的钱和活儿，人家不一定愿意啊。

罗：我认为名园跨区办园正是扩展优质教育资源的有效途径。我们在两个区都承担了很多师资培训和参观接待的任务，两个区的教育行政部门都非常欢迎我们，认为我们质量高、收费低，总体来说很支持，说这个民办幼儿园的园舍不能卖。只是目前的学前教育秩序还不够规范，相关政策不到位、不配套，而出现的问题又是新问题，没有可借鉴和参照的范本，至今也没有找到更好的办法，所以解决起来就真的非常困难了，只有边做边看边努力争取吧。

结　语

民办教育是公办教育的重要补充，需要国家给予更多的政策支持。当然，民办教育发展的规范化也是民办教育发展的重要前提。

玖

听顾先生讲过去的事

顾先生的学生时代是怎么度过的?

顾先生第一次参加联合国教科文组织会议时情形如何?

我国的比较教育学科是怎样发展起来的?

顾先生是教育家书院院长，北京师范大学资深教授，中国教育学会名誉会长，国家教育咨询委员会委员。顾先生早年留学苏联，是新中国第一批留学生，是我国第一位参加联合国教科文组织会议的教育学者，也是我国比较教育学科的创始人之一。顾先生 84 岁高龄，但身体硬朗、精神矍铄、思路清晰，活跃于教育理论研究及教育社会活动中。书院的兼职研究员们虽然与顾先生亲密熟悉，但总是对顾先生的传奇人生感兴趣。借着对话的机会，大家请顾先生追忆一下他的教育研究生涯……

1. 开始做比较教育研究

曹：我想知道顾先生是怎么开始做国际比较教育研究的？

顾：其实一开始国际比较教育并不是我的专业。我是1964—1965年开始搞外国教育的。那个时候中央认为要"反帝反修"，就要知己知彼，所以在高等学校成立了40个外国研究机构，我们学校成立了四个：外国教育研究室、美国经济研究室、苏联文学研究室、苏联哲学研究室。教育系把懂外语的老先生都调到外国教育研究室，把我们几个懂外语的年轻人也调过去了。1965年，学校党委把这四个研究室并为一个外国问题研究所，党委副书记当所长，我是副所长。后来搞"四清"，体检时发现我有肺炎，教育系主任就让我别去了，留下来筹备《外国教育动态》杂志。这是一本中宣部的杂志。1964—1965年先试出了两期，然后正式成为内部刊。每期都先送到中宣部、教育部审查，很慎重。但"文革"开始后就被迫停办了，到第三期的时候就停止了，当时我们也被打倒了。1972年，我刚从下放劳动的农村回来，到二附中（北京师范大学第二附属中学）当了"革委会"主任。1974年，他们认为我是搞外国教育的，就让我去参加联合国教科文组织第18届大会。大会大概开了50天，回来以后我就到了教务处。到了1979年我又回去教育系当主任，当时外国问题研究所被撤销了，成立了外国教育研究所，我兼任所长。当时我给管文教的副总理方毅写信，要求恢复《外国教育动态》，不到一个月，就收到表示同意的回信了。1980年，《外国教育动态》正式出版。到了1990年的时候，比较教育研究会要把这个刊物改成会刊，认为"动态"两个字不像学术，就改成了《比较教育研究》。

比较教育研究会成立之前，1978 年首先在我校开了一个研讨会，当时参加会议的还有华东师大、河北大学、华南师大、东北师大五家。后来第二年在华东师大开会，中央教科所、人教社都参加进来了。那年就成立了外国教育研究会。[①]

郭：最早和外国联系的是哪一所学校？

顾：最早和外国联系的是咱们北师大。当时我当教育系主任，教育部请了一个美籍华人，叫做胡昌度，哥伦比亚大学的比较教育教授，请他来北师大讲学一个学期，主要是给四年级的学生讲。同时，教育部也组织了十所学校的十几位教师组成的进修班。胡昌度除了给学生讲课外，还给进修班讲比较教育方法论。教师一边听课一边研究。讲完一个学期后，这批老师坐下来研究要编写自己的比较教育学。当时大家都和我差不多年纪，都没有什么经验，我们就把老一辈的一些有名的老教师请出来指导，最后编出了新中国成立后第一本比较教育教科书。

1980 年代比较教育研究人员在引进外国教育理论和经验方面起了不小作用，翻译介绍了一些图书，包括苏霍姆林斯基、布鲁纳等的著作。当时华东师大把布鲁姆请来做讲座，他也到我们学校来做了讲座。当时几个大家中，皮亚杰、赞科夫的影响比较大。

2. “文革”后重建教育学

曹：您是怎么选择要翻译哪些书的？

顾：说到这个，可以提一提的是，赞科夫第一篇中译论文是我翻译的，登在 1958 年的《教育译报》上。人民教育出版社有一份《教育译

① 更多信息请参见《顾明远教育口述史》第一章至第三章的内容，北京师范大学出版社，2007。

报》，主要是翻译苏联的文章。我翻译一篇文章的稿费比我的工资都高。这件事我都忘了，后来瞿葆奎先生编《教育学文集》的时候找到了这一篇译文，才想到是我翻译的。

“文革”后恢复中师，教育部把编写《教育学》的任务交给我们。我和几个教师到全国各地调研，之后编写这本书并于 1982 年出版。这本书内容上有几个亮点，其中一个是教育发展的历史分期。过去依生产方式即五个社会形态分为五种教育，我认为生产力的发展对教育的发展有重大作用，因此可以把教育分为原始形态教育、古代教育（包括奴隶社会教育和封建社会教育）和现代教育（包括社会主义教育和资本主义教育）。

1979 年中国教育学会成立。1980 年在北京市举办了一个高等教育讲座，当时要我讲“现代教育与现代生产”，我主要讲了两条：第一是现代教育是现代生产的产物，第二是与现代生产劳动相结合是现代教育的普遍规律。1991 年，我在一次会上又讲到教育发展分期，当时一个小报把我的一个讲话《教育的发展不仅仅要看生产关系的发展还要看生产力的发展》报道了，遭到了领导的批评。这事传到我耳朵里，但又不是公开的。后来我就给中央教科所所长写了封信，说明这个问题。第一是说小报断章取义，歪曲了我的思想，造成了不好的影响；第二表示如果领导有不同意见，希望当面批评。后来中央教科所重新全文发表了我的讲话。这 20 年变化很大，改革开放 30 年我的概括是：由阶级斗争转为科教发展的战略；教育事业发展很大；制度的创新，形成了法制，由人治到法治；教育科学由一枝独秀到百花齐放。

邱：顾先生，当年邓小平在恢复全国高考前，曾经做的一件事情是组织研究小组，大量购买并研究全世界各地，特别是西方发达国家的教材，以此来编写自己的教材。这件事情对我国的教育影响挺大。当时您参与这个事儿了吗？

对话现场

顾：这个事情我没有参与，是各个学科的老师参与的，但我知道这件事。那个时候我们在景山学校经常讨论教改的事。景山学校原来是中宣部办的，原中宣部的秘书长童大林、科委副主任吴明瑜、我和我校数学系丁尔升都算是景山学校的顾问，经常到景山学校会晤，讨论教育现代化的问题。当时教育部组织了200多名优秀教师，在北京西颐宾馆编写教材。邓小平指示引进了各国教材，1978年我国编了一套新的教科书，是有相当难度的。后来重新修订，改成了两套：一套是给重点学校的，叫甲种本；一套是给普通学校的，叫乙种本。

邱：邓小平的这个做法确实是高瞻远瞩，否则我们自己从头开始摸索，是很困难的。

3. 中国教育学会成立

郭：那中国教育学会是在什么时候成立的呢？

顾：中国教育学会是在 1979 年 4 月成立的，比比较教育学会早半年。我当时都已经 50 岁了，却是最年轻的常务委员。当时还召开了第一次全国教育科学规划会议，但是基本上没有做出什么规划来，因为那个时候没有钱。

4. 参与联合国教科文组织的工作

邱：您当时去法国 50 天开教科文大会，配翻译了吗？

顾：配了一个英语翻译。当时联合国教科文组织用六种语言，在一些地方还有机构，比如亚太地区有办事处。该组织每两年开一次大会，头 20 天是一般性的辩论，各个国家都要发言，阐明各自的主张；第二阶段分为教育、文化等五个会场，又是辩论 10 天；然后制订中长期规划，投票表决通过；最后是大会发言。

邱：联合国教科文组织的影响力主要是什么？

顾：主要影响力是设立很多项目。

滕：还有教育理念，比如我们熟知的"终身教育"、"终身学习"、"学习化社会"、"全民教育"理念都是联合国教科文组织（UNESCO）提出来的。早些年的时候美国给 UNESCO 很多钱，可以开展很多教育项目。但上世纪 80 年代美国退会后，很少投钱了，2002 年后虽然又加入但是仍然投钱不多。现在该组织主要是通过倡导公益活动或者在 GPE[①]这个平台上举办活动筹款，以这个活动所筹款项来支持现在它倡导的"全民教育"2015 发展目标，促进世界各国教育的发展。

① GPE（Global Partners in Education，国际教育合作伙伴）是一个意在提升全球教育环境中的文化意识和促进信息共享的组织。

顾：联合国在上世纪60年代以前主要是在不发达国家普及教育，尤其是非洲撒哈拉以南等，60年代后也关注发达国家。因为这个时候有科技革命，经济危机，因而它提出终身教育、学习型社会等理念。后来在泰国召开全民教育会议，提出要满足每个人的学习需要，影响了超过亿万人口的九个大国。2000年在达喀尔会议上又提出不仅满足每个人学习的需要，更要是有质量的学习。另外，联合国教科文组织每两年都有一个教育报告，教育大会也是有专题的，这些方面的影响力是很大的。

苏：像我们熟知的未来教育的四大支柱，Learning to know（学会求知），Learning to do（学会做事），Learning to live together（学会共处），Learning to be（学会生存），就是在联合国教科文组织的教育报告《教育——财富蕴藏其中》中提出来的。它对当前教育问题的判断、对教育未来发展走势的判断是非常敏锐、很有远见的。

林：刚才提到2015年六项发展目标是什么呢？

滕：是联合国教科文组织提出来的全民教育发展目标，它是在2000年的达喀尔论坛上提出的，包括保育、成人教育识字率、消除性别差异、教育质量等六个目标。

资|料|链|接

联合国教科文组织2015年六项发展目标

在《世界全民教育宣言》的基础上，《达喀尔行动纲领》提出了更为明确的全球性目标，并要求各国根据这一全球目标，在现有的或新的全国教育规划中提出自己的目标及时间表。具体目标如下：

第一，扩大并改善幼儿，尤其是最脆弱和条件最差的幼儿的全面保育和教育：全面满足孩子的全部需要，包括保健、营养、卫生、认知和心理的发展，应当用孩子们的母语，找出更好的办法来照顾和教育有特殊需要的孩子。对政府及其相关部委而言，应在全国全民教育计划范围内制定幼儿保育和教育政策，动员政界和民众给予支持。通过以孩子为中心，以家庭为重点，在社区范围内开展并得到充足资金资助的活动，向儿童，尤其是处境最不利的儿童提供高质量的幼儿保育和教育。

第二，确保在2015年以前所有的儿童，尤其是女童，各方面条件较差的儿童和少数民族儿童都能接受和完成免费的和高质量的义务初等教育：对于生活在贫困之中的儿童，各国政府必须毫不含糊地做到教育免收学费和其他费用，并尽一切可能减少或免去书本费、校服费、用餐费和交通费等费用，使任何人不因交不起学费而被剥夺读完高质量初等教育的机会。同时，提高和保持基础教育的质量也至关重要。为了吸引和留住处于社会边缘的儿童，教育部门应当采取更灵活有效的方式向学生传授知识。

第三，确保通过公平获得必要的学习机会学习各种生活技能，来满足所有的青年人和成年人的学习需要：为所有的青年人和成年人提供机会，培养他们充分参与社会、管理生活和继续学习所需的知识、价值观、态度和技能。青年人，尤其女青少年面临剥削性劳动、就业不足、冲突与暴力，吸毒、学龄期怀孕及艾滋病病毒/艾滋病等各种危险与威胁，必须为青年人提供相关的预防性信息、技能、咨询和服务。对于中途辍学或虽已结业但未能获得他们所需要的读写算能力及生活能力的青年人，必须为其提供各种适合其环境和需要的学习机会，帮助他们提高实际工作能力。

第四，2015年以前使成人脱盲人数，尤其是妇女脱盲人数增加50%，所有的成年人都有接受基础教育和继续教育的平等机会：现在世界上仍有8亿8千万人不具备读写能力，其中三分之二是妇女。然而，成年教育在国家的教育体制和预算内往往处在不受重视的地位。因此，必须大幅度扩大成人教育和继续教育，使之多样化，并将其纳入国家的教育战略和扶贫战略这些主要工作之中。必须促进正规的与各种非正规学习方法之间的密切联系，以便适应成年人的各种需求和情况。

第五，在2005年以前消除初等教育和中等教育中男女生人数不平衡的现象，并在2015年以前实现教育方面的男女平等，重点是确保女青少年有充分和平等的机会接受和完成高质量的基础教育：尽管对女孩和妇女的教育可以对下一代产生很大的影响，而且是社会发展和提高妇女地位的一个重要因素，但在扩大女孩接受基础教育方面取得的进展仍然很有限，这需要将性别问题纳入整个教育系统的主要工作，并需得到充足的资金和坚强的政治决心的支持。然而，仅仅保证女孩能有机会上学是不够的。学校环境不安全、教师在教学过程中的偏见等问题往往导致女孩毕业率低、学习成绩差，必须创造安全的、注重男女平等的学习环境。

第六，全面提高教育质量，确保人人都能学好，在读、写、算和基本生活技能方面都能达到一定的标准：质量是教育的核心，课堂上和其他学习场所中的教学情况对于儿童、青年和成年人未来的生活的好坏是至关重要的。高质量的教育是能够满足学习者的基本学习需要，丰富他们的生活及其全面生活经验的教育。各国政府及其他全民教育合作伙伴必须共同努力确保所有的人——不分性别、贫富、所在地区、所说语言或所属民族——都能接受高质量的基础教育。成功的教育计划必须有：(1) 健康的、营养好的和学习积极性高的学生；(2) 训练有素的教师和生动活泼的学习方法；(3) 必要的设施和学习资料；(4) 能用当地语言进行教学并且结合教师和学生的知识与经验的一套课程；(5) 不仅有助于学习，而且是令人心情愉快的、注重男女平等的、健康和安全的环境；(6) 对学习成绩，包括知识、技能、态度和价值观，有明确的定义和准确的评估；(7) 参与式的管理与经营；(8) 尊重和接触当地社区和文化。

（译自联合国教科文组织文件 *Education for All: Meeting Our Collective Commitments*）

---

5. 回忆学生时代

曹：我还有几个问题。您那个年代学外语的应该很少，您是怎么学的外语？

顾：我在国外留学过，但除了俄语过关，其他外语都一般。我小学三年级时日本人让学日语，但我们都不愿意学，逃课，连字母都记不住。中学学习英语，但没有过关。有个英语口语好的老师还教我们读《天方夜谭》，后来也忘了。大学里学习俄语，在师大才学了两年就直接到苏联去了，其实是到了那边才学的。第一周老师用一本儿童的看图识字让我们记，一个星期背得头昏脑涨，第二个星期就开始读《联共（布）党史》第一段落。当时教俄语的老师又不会中文，没法解释，我们每个人带了一本词典，然后拼命背单词。后来把英语都忘得差不多了。1962—1963年我还学了两年德文，已经可以看看报，但“文革”中停了，后来不用了也就忘了。

曹：您上高中的时候是什么样子的？

顾：我初中时成天玩，踢足球。我个子小，身体不好，体育课投篮不及格，但踢足球是领队，只是没有上过场。到了高中我数学考试经常第一个交卷，加分题目还能做出来。我记忆不好，但是数学理解得好。不过我化学、物理都不好，那个时候没有仪器设备，只能在黑板上做实验，我就弄不懂。我所在的高中有两个班，但完全不相同。我们班的同学很活跃，自己组织社团，踢足球，出刊物，成立歌咏队、口琴队。口琴队的队长后来是上海交响乐团的团长。另外一个班就只知道认真读书，不参加什么活动。我们班出来的同学发展得都很好，在北京工作的就有13位，另一个班就没有几个出来的。所以我说要在活动中学习，死读书不好。

林：顾先生当时的学校，素质教育搞得好。

郭：那个时候有高考吗？

顾：高考是联考。当时我没想当老师，因为我喜欢画画，就想考清华建筑系，结果没考上。就去上海当了小学老师，第二年考上了北师大。

郭：联考是在当地考吗?

顾：是在当地，我当时在上海，考卷寄过去。各个学校的试题是各个学校出。我当时在上海当了一年小学老师，然后再考的。知识学多了不一定好，其他能力没有发展起来是不行的。我们那时就是参加各种活动，锻炼了能力。当时练写字的同学也有很多，书法家沈鹏是我同学，当时他喜欢文学，后来成了书法协会主席。

↑讨论激烈而快乐，收获丰富

↑意犹未尽

结　语

听顾先生讲过去的事情，让我们对顾先生有了更深刻的了解。顾先生对教育事业孜孜以求的精神，也激励着我们更积极、主动、创造性地从事教育事业。

合影

后记

教育是一个永恒的话题，怎么谈都谈不够，而且会越谈越多，越谈越有话说。

在两天的对话、讨论、激辩中，有这样的情况——我与你观点相同、相近，“英雄所见略同”，我与你心意相通、心有灵犀、会意一笑；也有这样的情况——我与你完全不同，却能在论辩对话中相互启发，我被你说服、打动，接受了你的观点，你也被我所说服、打动；还有这样的情况——我聆听你的话语，但我坚持我的观点……无论是哪一种情况，我们每个人都平等地发声，只为我们共同坚守的这块“教育”的土地。正是在这样平等的对话中，我找到了知音，找到了能与我平等对话的人。在和你的对话中，我表达了我的观点，清晰了我的思想，我的精神和思想在共同的对话中自由了。我们在对话中互通思想、共同成长。

对话是书院的传统，是教育家书院的精神。我们都在对话中。

与顾先生的对话，酝酿已久，期待已久。真正进入操作阶段，是在2012年10月12日在北欧进行教育考察时。而真正面对面坐在一起对话，是在2012年11月30日，其间的一个多月，包括顾先生在内，每个人都做了充分的准备。

两天的对话，仅录像便有15盘之多。教育家书院秘书杨颖一字一句录出文字，参与对话的每一个人根据录音文字稿反复进行校对，经过我的几番调整、修订之后大致成形。本书的策划编辑刘灿和责任编辑何薇、郑莉为本书的出版提供了非常积极的建议，付出了辛苦的劳动。感谢!

如果没有大家的共同努力，这本“对话”，不可能这么快就与大家见面。

感谢为此书出版付出努力的每一个人。

郭　华

2013年5月5日于教育家书院

出 版 人　所广一
策划编辑　刘　灿
项目统筹　何　薇　郑　莉
责任编辑　何　薇　郑　莉
版式设计　宗沅雅轩　吕　娟
责任校对　贾静芳
责任印制　叶小峰

图书在版编目（CIP）数据

留一块黑板：与顾明远先生对话现代学校发展／郭华主编. —北京：教育科学出版社，2013.5（2017.10重印）
（教育家书院丛书. 对话系列）
ISBN 978-7-5041-7647-9

I. ①留… II. ①郭… III. ①学校教育—研究—中国 IV. ①G52

中国版本图书馆CIP数据核字（2013）第101613号

教育家书院丛书 · 对话系列
留一块黑板　与顾明远先生对话现代学校发展
LIU YI KUAI HEIBAN　YU GU MINGYUAN XIANSHENG DUIHUA XIANDAI XUEXIAO FAZHAN

出版发行	教育科学出版社		
社　址	北京 · 朝阳区安慧北里安园甲 9 号	**市场部电话**	010−64989009
邮　编	100101	**编辑部电话**	010−64989179
传　真	010−64891796	**网　址**	http://www.esph.com.cn
经　销	各地新华书店		
制　作	宗沅雅轩		
印　刷	北京玺诚印务有限公司	**版　次**	2013 年 5 月第 1 版
开　本	169 毫米 ×239 毫米　16 开	**印　次**	2017 年 10 月第 6 次印刷
印　张	11.75	**印　数**	14 026—16 025 册
字　数	146 千	**定　价**	39.80 元